Clara Wenz und Oliver Wiener (Hg.)

SYRISCHE
TONSPUREN
IN WÜRZBURG

Würzburg
University Press

HERAUSGEBER

Dr. Clara Wenz

(Akademische Rätin auf Zeit, Lehrstuhl für Ethnomusikologie,
Institut für Musikforschung der Universität Würzburg)

Dr. Oliver Wiener

(Akademischer Oberrat, Kustos der Studiensammlung Musikinstrumente & Medien,
Institut für Musikforschung der Universität Würzburg)

IMPRESSUM

Julius-Maximilians-Universität Würzburg
Würzburg University Press
Universitätsbibliothek Würzburg
Am Hubland
D-97074 Würzburg
www.wup.uni-wuerzburg.de

© 2023 Würzburg University Press
Print on Demand

ISBN 978-3-95826-204-1 (print)
ISBN 978-3-95826-205-8 (online)
DOI 10.25972/WUP-978-3-95826-205-8
URN urn:nbn:de:bvb:20-opus-296565

INHALT

INTERVIEWS MIT…

SPURENSUCHE

Syrische Tonspuren in Würzburg

Netzwerke und Objektgeschichten statt Repräsentativität

Clara Wenz und Oliver Wiener

Die Einwanderungsbewegung, in der fast eine Million Syrer:innen innerhalb der letzten zehn Jahre vor dem Krieg in ihrem Land geflohen und nach Deutschland gekommen sind, hat die Musik- und Klanglandschaften vieler Städte in Deutschland verändert. Während sich Berlin inzwischen zur europäischen Hauptstadt einer arabischen Exil-Musikszene entwickelt hat, wird auch Würzburg, wo viele Syrer:innen ein Zuhause gefunden haben, schon länger durch neue Musik belebt. Im Stadtteil Frauenland kann man tagsüber aus den Lautsprechern des syrischen Bistros Firas Feinekost den virtuosen aleppinischen Sänger Adeeb al-Dayekh (1938–2001) hören. Am Mainufer erschallen aus vorbeifahrenden Autos regelmäßig arabische *Dabke*-Rhythmen, eine Musik, zu der in Syrien und den umliegenden Ländern traditionell auf Hochzeiten getanzt wird; und wer im Hofgarten der Residenz an den offenen Fenstern der Räumlichkeiten des Instituts für Musikforschung vorbeispaziert, kann den Klängen der orientalischen Laute (Oud) lauschen, deren Spiel der aus der syrischen Stadt as-Suwayda stammende Musiker Akhtam Abou Fakher dort seine Studierenden lehrt. Ob in der Residenz, in vorbeifahrenden Autos, oder im Café – syrische Musik, in all ihrer Vielfalt, ist in Würzburg angekommen.

Ausstellung und Veranstaltungsreihe

„Syrische Tonspuren in Würzburg", ein Projekt des Lehrstuhls für Ethnomusikologie und der Studiensammlung Musikinstrumente & Medien am Institut für Musikforschung der Universität Würzburg, hat diese Tonspuren dokumentiert. Das Zentrum der Veranstaltungsreihe, die vom 7. bis 18. Juni 2022 im PopUp Raum des Mozartfests (in einem leerstehenden Ladengeschäft, dem ehemaligen Café Mozart, Herrnstraße 2) stattfand, bildete eine von Studierenden gestaltete Ausstellung. Diese bestand in installativer Hinsicht aus bebilderten und mit Texten versehenen Hörstationen in Gestalt von acht hochformatigen Plakaten (950 × 1313 mm). Darauf abgebildet waren beispielsweise ein aus dem Jahr 2009 stammendes Foto der Umayyaden-Moschee in Aleppo oder ein Bild des syrischen Grafikdesigners Omar Shammah, welches einen von der berühmten ägyptischen Sängerin Um Kulthum (1904–1975) gesungenen Liedtext zu einer Erinnerung an seine Heimat umdeutet: „Die Welt ist vom Mond beleuchtet, doch der/die Geliebte ist das Licht der Augen (*wal kun yenawwar bil-ʿamr ama al-habib, nur al-ʿayun*)".[1]

Daneben waren auf einer Insel, einer Zusammenstellung von Podesten unterschiedlicher Höhe, verschiedene Instrumente aus der Sammlung des Instituts ausgestellt. Eine Saz, sowie die fünf Hauptinstrumente des sog. *Takht*, dem traditionellen Ensemble arabischer

1   Zur Verbesserung der Lesbarkeit wird (mit Ausnahme des Beitrags von Salah Eddin Maraqa) im folgenden Band bei der Wiedergabe des Hocharabischen und syrischer Dialektformen eine vereinfachte Transliterationsmethode verwendet: Auf den sonst üblichen Gebrauch von diakritischen Zeichen zur Kennzeichnung langer Vokale und emphatischer Konsonanten haben wir bewusst verzichtet. Bei Eigennamen und Ortschaften orientieren wir uns an den am weitesten verbreiteten Varianten oder verwenden die von Projektbeteiligten gewählten Selbstbezeichnungen.

Kunstmusik: ein Qanun (Kastenzither), eine Oud (bundlose Knickhalslaute), eine Nay (aus Bambus oder Schilfrohr gefertigte Längsflöte), eine Kamanjah (Violine) und ein Riqq (kleine Rahmentrommel mit Schellen). Eingerahmt waren diese Objekte von Audio- und Videoaufnahmen, welche die Studierenden gemeinsam mit syrischen Musiker:innen in Würzburg erarbeitet hatten und die Besucher:innen des PopUp Raums durch QR-Codes[2] auf ihren Mobilgeräten bzw. Tablets vom Mozartfest aufrufen und anhören konnten. Daneben gab es das Angebot einer „Jukebox", auf der die Hörbeispiele auch unabhängig von den Plakaten mit der Orientierungshilfe eines Booklets durchgehört werden konnten. Dieser Ausstellungsteil stand im vorderen, schaufensternahen Bereich des Raums, während eine sechskanalige Klanginstallation den gesamten Raum erschloss. Alle etwa 15 Minuten wurden in zufälliger Reihung eine von

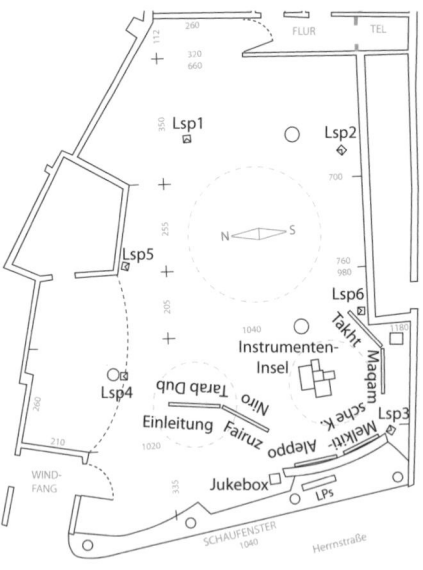

Plan der Ausstellungsfläche Herrnstraße 2

20 maximal zweiminütigen Soundscapes abgespielt, komponiert aus akustischen „Schnappschüssen", die im Kontext der Ausstellungsvorbereitung aufgenommen worden waren. Die Mitte des Raums blieb frei für Events. Das breite Schaufenster des Ladengeschäfts lud zum Besuch ein – mit einem Durchblick auf ein paar der Hörstationen, Musikinstrumente und eine Tafel, auf der Covers von Schallplatten aus Syrien oder mit Syrien-Bezug ausgestellt waren, zu denen die Besucher:innen ebenfalls per Smartphone Informationen und Klangbeispiele aufrufen konnten.[3]

Wenn Ausstellungen als Orte des Wissens und der Narration, Orte der sinnlichen Erfahrung und des Erinnerns begriffen werden (Alonso Amat et. al. 2021), stellt sich die Frage nach dem jeweiligen Status dieser Kategorien. Bei der Heterogenität der verschiedenen Fäden, die bei der Spurensuche verfolgt wurden, hätten Konzepte homogener kultureller Narrative oder der Versuch einer Auratisierung des Gegenstands in eine missverständliche oder irrige Richtung führen können. Daher gehorchten die Hörstationen keiner narrativen Linearität, sondern standen in parataktischer Juxtaposition als einzelne Einheiten der jeweiligen exploratorischen Vertiefung zur Verfügung. Ein stärker wissensfokussiertes Cluster bildete aufgrund der Forschungslage nicht zufällig die Kombination der beiden Tafeln zu den arabischen *Maqamat* (Modi) und zum *Takht*-Ensemble hinter der Instrumenteninsel, die mit Hands-On-Objekten erfahrbar gemacht wurde. Eine synthetische didaktische Linie wurde aber auch hier vermieden. Vielmehr war intendiert, den Besucher:innen Möglichkeiten zu bieten, zwischen den angebotenen Materialien in Eigenregie auszuwählen und Verknüpfungen herzustellen.

2   Die QR-Codes in diesem Buch führen zu den in den Texten erwähnten Musikstücken bzw. zu Videodokumenten aus dem Kontext der Ausstellung auf YouTube. In der PDF fungieren die Kurzbeschreibungen unter den QR-Codes als anklickbare Links.

3   Unter https://www.musikwissenschaft.uni-wuerzburg.de/syrische-tonspuren/ ist eine digitale Nachdokumentation des Projekts abrufbar.

Blick ins rechte Schaufensterdrittel: Stellwand mit Schallplatten

Diesem Prinzip des Verknüpfens loser Fäden galt auch die Konzeption von Räumen und Orten. Musik bedarf als Teil der immateriellen Kultur unter der Frage ihrer Ausstellbarkeit besonderer Strategien der Kontextualisierung und Aktualisierung. Das Projekt akzentuierte vor allem die Fähigkeit von Musik, räumliche Entfernungen zu überbrücken, Orte zu memorieren und miteinander zu verbinden. In diesem Sinn ließ sich der PopUp Raum in seiner improvisatorischen Übergängigkeit vom Ausstellungsort – einem Echoraum für Erinnerungen – in eine Konzertbühne, ein Kino oder eine Instrumentenbauwerkstatt verwandeln. Er diente aber eben nicht nur als Event-Location, sondern vor allem als Verknüpfungspunkt, während die Veranstaltungsreihe paradigmatisch auch zu anderen Orten in Würzburg expandierte, die ganz andere Hörhaltungen einfordern, so zur Marienkapelle am Marktplatz für ein Liturgiekonzert von Mitgliedern der melkitisch griechisch-katholischen Gemeinde in Deutschland oder zum Toscanasaal der Residenz für ein Konzert mit Oud und Klavier. Bei einer aufmerksamen Rezeption der Hörstationen und des Begleitprogramms konnte sich so eine ausgreifende imaginäre Topographie bilden: Die verschiedenen Objekte der Ausstellung und die Veranstaltungen brachten Musik zu Gehör und erzählten Geschichten, welche zum einen nach Syrien und zum anderen an verschiedene Orte ins heutige Würzburg führten.

Der vorliegende Band

Die einzelnen Beiträge dieses Bands greifen diese Geschichten in Form von Spurensuchen, Reflexionen und Interviews auf: Wie kann man sich den zwischen 1500 und 1800 in Syrien und Ägypten verbreiteten Kunstmusiktraditionen gegenwärtig sowohl aus theoretischer als auch aus praktischer Perspektive nähern (Salah Eddin Maraqa)? Welche Rolle spielt Musik und „active listening" für den Umgang mit kriegstraumatisierten syrischen Jugendlichen (Guilnard Moufarrej)? An welchen Orten in Würzburg hört man eigentlich „syrische" oder „arabische" Musik (Leonard Krüger und Linus Glaesemer)? Was hat es mit den sog. *Sammiʿah* auf sich, den „Prototypen" einer vor allem mit der Stadt Aleppo verbundenen Hörkultur (Ellen Kaufmann)? Welche Stellung hatte kurdische Volksmusik in Syrien und wie erklingt sie in Würzburg (Hussien Mahmoud)? Unter welchen Bedingungen führen syrische melkitische Christen ihre Liturgie in Deutschland fort (Guilnard Moufarrej)? Gab es in Syrien eine Rap-Szene (Sonja Hellwich) und wie lässt sich Hip-Hop als pädagogisches Mittel zum Erlernen von Deutsch in Würzburger Schulen einsetzen (Mohammad Shekh Youssef)? Welche Chancen und Herausforderungen erfährt man als syrischer Oudspieler in Deutschland (Aktham Abou Fakher), wie wird dieses traditionelle arabische Instrument überhaupt hergestellt (Jonas Epperlein), und kann die Vermischung seines Klangs mit Jazzklavier in der Würzburger Residenz ein gegenseitiges „Verstehen" generieren (Elena Ungeheuer)? Was bedeutet es, aus Ochsenfurt und Schweinfurt auf die Arbeit eines syrischen Graphikdesigners und dessen Darstellung seiner Heimatstadt Aleppo musikalisch zu „antworten" (Henrik Engstler und Jonas Maier)? Was erzählen die filmisch dokumentierten Biographien dreier syrischer Musiker über die Rolle von musikalischen Erinnerungen in Zeiten von Vertreibung und Heimatverlust (Clara Wenz und Oliver Wiener)? Welche Brücken kann eine öffentlichkeitsorientierte Ethnomusikologie und Musikwissenschaft zwischen Universität und Stadt bauen (Mehdi Bagheri)?

Am Anfang dieser vielfältigen Erkundungen stand für viele am Projekt Beteiligte die Frage nach der Repräsentativität des ausgestellten Materials: Was ist eigentlich „syrische" Musik? Und wie sinnvoll ist es, in diesem Kontext von „arabischer" Musik zu sprechen? Da diese kritischen Fragen die Konzeption des Projekts immer wieder bestimmten, fordern sie wenigstens eine knappe Erörterung ein.

„Syrische" Musik? Verflechtungen, Einflüsse und Hybridität

Die verschiedenen Musikstile, die unsere Veranstaltung und der vorliegende Band als „syrische Tonspuren" identifizieren, machen nur einen sehr kleinen Teil in Syrien praktizierten musikalischen Repertoires aus.[4] Die Verortung dieser Tonspuren in Würzburg deutet außerdem an, dass sich unser Projekt weniger Fragen der Repräsentativität, sondern transnationalen und -lokalen musikalischen Beziehungen und dabei indirekt auch dem Thema

---

4   Eine einleitende Übersicht zu „arabischer Musik" findet sich in Albers et al. 2021. Eine ausgezeichnete Quelle für das Studium der unterschiedlichen Musikkulturen Syriens bietet die Ethnographie „Among the Jasmine Trees: Music and Modernity in Contemporary Syria" des Anthropologen Jonathan Holt Shannon (2006). Die auf der Website „Syrian Heritage Archive Project" veröffentlichte Artikelserie „Musik aus Syrien" des Kulturwissenschaftlers Hassan Abbas bietet einen weiteren guten Einstieg: https://syrian-heritage.org/de/. Eine

der kulturellen Hybridität widmet. Gerade weil dieser Begriff oft im Kontext von Musik und Migration fällt, ist es wichtig zu betonen, dass ein Großteil der hier vorgestellten Musik schon vor ihrer „Ankunft" in Deutschland von überregionalen Verflechtungen und Einflüssen geprägt war. Das gilt nicht nur für die in diesem Band dokumentierten globalen, populären und experimentellen Musikstile wie beispielsweise die von vielen syrischen Jugendlichen konsumierte, panarabische Popmusik, der Hip-Hop des Rappers Niro, die elektronische Tanzmusik des Künstlers Hello Psychaleppo, oder das auf „Fusion" ausgerichtete Oud-Spiel von Aktham Abou Fakher. Es betrifft auch Repertoires, die häufig der Rubrik „traditionell" – ob „traditionell syrisch" oder „traditionell arabisch" – zugeordnet werden: Instrumentalformen wie das *Bashraf* oder das *Sama'i*, die das klassische Kunstmusikkonzert einleiten, zeugen von dem jahrhundertelangen Einfluss osmanischer Herrschaft. Der Ursprung der *Muwashshahat*, eine vor allem in Aleppo praktizierte strophische Gedichtform, wird allgemein auf der mittelalterlichen iberischen Halbinsel, dem islamischen al-Andalus verortet. Sie werden auf klassischem Hocharabisch gesungen und heute meist von Ensembles begleitet, die im Lauf des letzten Jahrhunderts um europäische Instrumente wie die Violine erweitert wurden.[5] Die Liturgie der melkitischen Gemeinde Syriens folgt dem byzantinischen Ritus, und – wie unserer Besprechung des Dokumentarfilms „Wajd" zu entnehmen ist – zeitgenössische Auslegungen syrischer religiös-musikalischer Praxis und deren ästhetisch-spiritueller Leitprinzipien beziehen sich oftmals auf das schriftliche Erbe von zum Großteil aus dem heutigen Irak stammenden muslimischen Dichtern und Philosophen.

Der Hinweis auf diese transregionalen Verflechtungen syrischer Musiktraditionen soll nicht verschleiern, dass es auch in Syrien zahlreiche „Rollenträger" nationaler Musikkultur gibt. Der vielleicht bekannteste Vertreter ist der aus Aleppo stammende, staatlich mehrfach ausgezeichnete und in der ganzen arabischen Welt bekannte Star-Sänger Sabah Fakhri (1933–2021), der in den 1990er Jahren (erfolglos) für einen Sitz im syrischen Parlament kandidierte (Shannon 2006: 133). Ein weiteres Beispiel sind die staatlich geförderten Festivals „andalusischer" Musik, die im offiziellen nationalen Diskurs oft als Beweis für die Weiterführung einer glorreichen syrischen Vergangenheit und Hochkultur zitiert werden – schließlich hatten die Umayyaden, die bis ins 11. Jahrhundert als Emirat von Córdoba über Andalusien herrschten, ihren Sitz bis 750 n. Chr. in Damaskus. Von der Bedeutung von Musik für die Konstruktion einer nationalen, dezidiert syrisch-*arabischen* Identität zeugt auch, und im negativen Sinne, das im Interview mit dem Saz-Spieler Hussien Mahmoud thematisierte Verbot kurdischer Musik im öffentlichen Raum. Und auch die im Kontext der syrischen Protestbewegung gesungenen Lieder verhandelten eine neue nationale Identität, indem sie die von den Demonstranten erstrebte politische Emanzipation in eine musikalische Sprache überführten: Die Aneignung bekannter Melodien und deren Ausstattung mit neuen, kritischen Texten galt vielen nicht nur als Mittel des politischen Ausdrucks, sondern auch als eine Neubestimmung syrischer „Volksmusik" (*al-musiqa al-sha'biyyah*) und eines nationalen „Kulturerbes" (*al-turath al-suri*).

5   Landkarte mit Video- und Tonaufnahmen der unterschiedlichen Musiktraditionen Syriens ist unter dem folgenden Link abrufbar: https://syriamusicmap.org/en/home. Unter den arabisch-sprachigen Quellen zu syrischer Musikkultur sind exemplarisch zu nennen Ibn Durayl 1989, Raja'i und Darwisch 1955, Sharif 2011. Zur Rezeptionsgeschichte und wechselseitigen Beeinflussung von europäischer und arabischer Musik seit dem 19. Jahrhundert vgl. Lebedeva 2011 und Weinrich 2011.

Trotz dieser nationalen Bedeutungszusammenhänge weisen viele lokale musikalische Ausdrucksformen Syriens über die im 20. Jahrhundert gezogenen Staatsgrenzen hinaus. So ist die ländliche Musik der Euphrat-Region, ähnlich wie der Dialekt ihrer Bewohner, den Gepflogenheiten des Nachbarlands Iraks um ein Vielfaches ähnlicher als beispielsweise den urbanen Musikkulturen von Damaskus oder Aleppo. Die vor allem in der Region um die Städte Homs und Lattakia praktizierten ʿAtaba-Gesänge finden sich auch in den Bergregionen Libanons wieder; die Hochzeitsmusik aus dem Süden Syriens zeugt von einer beduinischen Kultur, die sich über Jordanien, Israel/Palästina bis hinein in die arabische Halbinsel erstreckt; und die beliebte Sängerin Fairuz (*1934), deren Stimme überall im Land und traditionell am Morgen aus den Lautsprechern ertönt – ob im Restaurant, im Minibus, im Supermarkt oder bei der Arbeit – stammt nicht aus Syrien sondern aus dem benachbarten Libanon.

Schließlich ist anzumerken, dass sich die verschiedenen Musikkulturen Syriens nicht erst im Kontext der Migrationsbewegung des letztens Jahrzehnts regional und global verbreitet und weiterentwickelt haben. Schon Ende des 19. Jahrhunderts hatten syrische Migrant:innen in Ägypten einen großen Einfluss auf in Kairo und Alexandria praktizierte Unterhaltungsmusik, so zum Beispiel der Pionier des modernen Musiktheaters Ahmed Abu Khalil al-Qabbani (1833–1903) aus Damaskus (Lagrange 2000, 61). In Brooklyn, Israel, Mexiko, und Teilen Südamerikas beziehen sich syrische Juden, deren Mehrheit von Anfang bis Mitte des 20. Jahrhunderts aus Syrien auswanderte, in ihren (para-)liturgischen Traditionen bis heute auf einen Melodienschatz, der seinen Ursprung in Syrien und benachbarten Ländern hat (vgl. Kligman 2009 und Shelemay 1998). Umgekehrt brachten nach Südamerika ausgewanderte Rückkehrer im Laufe des letzten Jahrhunderts regionale Musikstile wie den argentinischen Tango oder den brasilianischen Bossa Nova nach Damaskus und Beirut (Messeder 2021, Weinrich 2004), während sich in US-amerikanischen Großstädten ein blühendes arabisch-amerikanisches Nachtleben entwickelte: 1952 wurde der Nachtclub „Zahra" in Boston eröffnet und in den 1970er und 80er Jahren trugen die sog. „Ameraba"-Platten des syrisch-amerikanischen Musikers Eddie „The Sheik" Kochak maßgeblich zu New Yorker Fantasien über den „Orient" bei (Rasmussen 1992).[6]

Was bedeutet es also, „syrische Tonspuren" zum einen in ihrer hier dargelegten Hybridität und zum anderen unter den gegenwärtigen Bedingungen von Krieg, kultureller Entwurzelung und Migration zu dokumentieren? Unser Projekt stellt diese Frage in Bezug auf das Musikleben der Stadt Würzburg. Damit leistet es einen *lokalen* Beitrag zu gegenwärtigen Debatten über die potentielle Rolle der (angewandten) Ethnomusikologie und Musikwissenschaft bei der Bewahrung des immateriellen Erbes vertriebener, verfolgter und politisch marginalisierter Gemeinschaften (vgl. Rasmussen et al. 2019). Dabei geht es uns weniger um die Archivierung syrischer Musikgeschichte(n), als um die Frage, wie man im Umgang mit musikalischen Fragmenten „Spuren" lesen und legen kann, die die häufig von Orientalismen geprägte europäische Rezeptionsgeschichte nahöstlicher Musik bewusst umgehen und statt-

---

6   Neben diesen exemplarisch aufgeführten Migrationsbewegungen hat auch die Platten- und Aufnahmeindustrie – die größte, im Libanon gegründete, nicht-europäische Plattenfirma „Baidaphon" hatte in den 1920ern ihren Sitz in Berlin – seit Ende des 19. Jahrhunderts die Verflechtung unterschiedlicher Musikstile und Kulturen und insbesondere die Entwicklung einer transregionalen, von der einst blühenden Musik- und Filmindustrie Kairos geprägten musikalischen Ästhetik begünstigt (Racy 1976).

dessen gemeinsame Erinnerungsräume erklingen lassen. „[D]as Austesten von neuen Wegen jenseits der Schriftlichkeit, geleitet vom Gedanken der Sicht- und Hörbarmachung bereits vorhandener kreativer Potentiale" – was der Kölner Musikethnologe Eckehard Pistrick als zielführenden künstlerischen und wissenschaftlichen Ansatz für den Umgang mit den verschiedenen musikalischen und klanglichen Aspekten von Migration identifiziert (Pistrick 2019, 2) –, hat unsere Arbeit motiviert. In diesem Sinne sind die im Folgenden wiedergegebenen Tonspuren weder auf eine kulturelle Synthese angelegt, noch erheben sie einen repräsentativen Normativitätsanspruch. Vielmehr bilden sie ein autonomes, antihierarchisches und zum Teil vom Zufall bestimmtes Netzwerk, ein Netzwerk, das von musikalischen Begegnungen, kulturellen Mehrfachzugehörigkeiten und der Tatsache zeugt, dass Musik keinen politischen Staatsgrenzen entspricht. Von dieser Einsicht – dass auf nationale Repräsentativität und Symbolkraft angelegte Musikkulturen vielfach eine zum Scheitern bestimmte Fiktion sind – zeugen nicht zuletzt die zahlreichen neuen, kulturellen und musikalischen Ausdrucksformen, die die syrische Protestbewegung nach Jahrzehnten der Diktatur und trotz anhaltender Stagnation der erstrebten politischen Transformationsprozesse bewirkt hat. *Die Musik Syriens gibt es nicht.* Aber es kann Tonspuren geben. Diese werden auf den folgenden Seiten in notwendig fragmentarischer Weise dokumentiert. Sie klingen vielfältig, translokal und hybrid und sollen gleichzeitig dazu anregen, sich mit der Wirkungsmacht von Krieg, Heimatverlust und Migration auf musikalische (Erinnerungs-)Kulturen zu beschäftigen.

Danksagung

Prof. Dr. Guilnard Moufarrej, die vom Winter 2021 bis zum Sommer 2022 am Lehrstuhl für Ethnomusikologie des Instituts für Musikforschung als Gastwissenschaftlerin tätig war, gilt unser Dank an erster Stelle. Durch ihre zahlreichen, während ihrer Feldforschungen geschlossenen Kontakte zu syrischen Gemeinden inner- und außerhalb Würzburgs hat sie wesentlich zur Konzeption und Durchführung unseres Projekts beigetragen.

Dem Mozartfest, vor allem in den Personen seiner Intendantin Evelyn Meining und der Geschäftsführerin Katharina Strein, ist zu danken, dass das Projekt für zwei Wochen ins Programm des „M PopUp // Raum für Mozart" aufgenommen und durch eine Teilfinanzierung der Honorare unterstützt wurde. Dank für vielfache praktische Unterstützung und für die Betreuung vor Ort gehen an den Beauftragten für den PopUp, Jan Kuhlmann, und an sein Team. Dass die diesjährige Komponistin *in residence* („artiste d'étoile") – Prof. Isabel Mundry – zwei intensive Stunden unserer Ausstellung gewidmet hat, war uns eine große Freude. Ohne die zuverlässige finanzielle Unterstützung des Geschäftsführenden Vorstands des Instituts für Musikforschung, Prof. Dr. Ulrich Konrad, wäre das Projekt als Ganzes nicht realisierbar gewesen. Ganz herzlich danken wir ihm und Prof. Dr. Andreas Haug für seine Unterstützung beim Druckkostenzuschuss. Dem kritischen Auge von Prof. Dr. Charles Atkinson verdanken einige Texte dieses Bandes ihre finale Formulierung. Der Würzburg University Press danken wir für die sorgfältige Betreuung insbesondere durch Claudia Schober und Manuel Beck.

Unser größter Dank sei allen ausgesprochen, die an dem vorliegenden Band mitgewirkt haben und hier in alphabetischer Reihe genannt werden sollen: Mehdi Bagheri (PhD Ethnomusikologie, 3. Semester), Henrik Engstler (MA Ethnomusikologie, 4. Semester),

Jonas Epperlein (MA Ethnomusikologie, 4. Semester), Dr. Aktham Abour Fakher (Oud-Spieler und Lehrbeauftragter am Institut für Musikforschung), Linus Glaesemer (BA Musikwissenschaft/Ethnomusikologie, 5. Semester), Sonja Hellwich (BA Musikwissenschaft, 7. Semester), Ellen Kaufmann (BA Museologie und materielle Kultur/Musikwissenschaft, 4. Semester), Leonard Krüger (BA Musikwissenschaft, Politikwissenschaft und Öffentliches Recht, 5. Semester), Hussien Mahmoud (Saz-Spieler, Kulturpreisträger der Stadt Würzburg, 2021), Jonas Maier (MA Musikwissenschaft, 2. Semester), Dr. Salah Eddin Maraqa (Qanun-Spieler und wissenschaftlicher Mitarbeiter am Musikwissenschaftlichen Seminar der Albert-Ludwigs-Universität Freiburg), Prof. Dr. Elena Ungeheuer (Professorin für Musik der Gegenwart, Institut für Musikforschung der Universität Würzburg) und Mohammad Shekh Yousef (Niro) (Lehramt an Mittelschulen, 6. Semester).

Schließlich gilt unser herzlicher Dank auch dem Rest der Teilnehmer:innen unserer Seminare „Musik ausstellen" und „Audio-/Video-Editing" und nicht zuletzt allen, die zum Gelingen der Veranstaltungsreihe beigetragen haben: Den Studierenden Oscar Aquite, Holger Beresheim, Corinna Bongartz, Miriam Fodil, Julia Groblewski-Meiser, Thomas Häglsperger, Tim Herr, Stella Marte, Theodora Montgelas, Raoul Posamentier, Johann Schuppe und Luisa Wesch, dem Pianisten Felix Schneider-Restschikow, dem Oud-Bauer Mohamed Khoudir, dem Saz-Spieler Hassan Mahmoud sowie Mayas Abboud, dem Priester der melkitischen griechisch-katholischen Kirche in Deutschland, dem Diakon Osama Msleh, sowie den Mitgliedern des melkitischen Gemeindechors aus Gießen: Nawal Alchanaa, Zahie Alchanaa, Louai Alghazi, Natalia Alghazi, Nesrin Alkhori, Walid Mardini und Mariette Mardini.

Literatur

Alonso Amat, M. D. M., Magesacher, E. und Meyer, A. 2021. *Musik ausstellen. Vermittlung und Rezeption musikalischer Themen im Museum*. Bielefeld: transcript Verlag.

Albers, Y. et. al. 2021. Musik. In: (ibid.) *Arabistik: Eine literatur- und kulturwissenschaftliche Einführung*. Stuttgart: J. B. Metzler.

Ibn Durayl, A. 1989. *al-Musiqa fi Suriyya. Al-bahth al-musiqi wa al-funun al-musiqiyya 1887–1987 [Die Musik in Syrien – Musikforschung und musikalische Künste 1887–1987]*, Damaskus: Tlasdar.

Kaufman Shelemay, K. 1998. *Let Jasmine Rain Down: Song and Remembrance among Syrian Jews*. Chicago und London: Chicago University Press.

Kligman, M. L. 2009. *Maqam and Liturgy: Ritual, Music, and Aesthetics of Syrian Jews in Brooklyn*. Detroit: Wayne State University Press.

Lagrange, F. 2000. *Al-Tarab: Die Musik Ägyptens*. Heidelberg: Palmyra.

Lebedeva, N. 2011. Rezeptionswege der arabischen Musik in der ersten Hälfte des 19. Jh. und R.G. Kiesewetters „Die Musik der Araber". *Asiatische Studien: Zeitschrift der Schweizerischen Asiengesellschaft/Revue de la Société Suisse – Asie* LXV(1), 113-144.

Messeder, G. 2021. Brazilian Encounters: Beirut's "Golden Age," Ziad Rahbani, and Lebanese Bossa Nova. In: Davis, R. und Oberlander, B.S. (Hg.) *Music and Encounter at the Mediterranean Crossroads: A Sea of Voices*. Abingdon: Routledge, 34-36.

Pistrick, E. 2019. Visuelle oder klangliche Spuren? – „Übersetzungsstrategien" von Migrationserfahrung in Graswurzel-Kulturarbeit und Ausstellungskonzepten, *Die Musikforschung* 72(4), 297-312.

Racy, A. 1976. Record Industry and Egyptian Traditional Music: 1904–1932. *Ethnomusicology* 20(1), 23-48.

Raja'i, F. und Darwisch, N.A. 1955. *Min kunuzina: al-Muwashshahat al-Andalusiyyah [Aus unserem Erbe: Die Andalusischen Muwashshahat]*. Aleppo: Matba'at al-Sharq.

Rasmussen, A. K. et al. 2019. Call and Response: SEM President's Roundtable 2016, "Ethnomusicological Responses to the Contemporary Dynamics of Migrants and Refugees". *Ethnomusicology*, 63(2), 279-314.

Rasmussen, A. K. 1992. "An Evening in the Orient": The Middle Eastern Nightclub in America. *Asian Music* 23(2), 63-88.

Shannon, J. H. 2006. *Among the Jasmine Trees: Music and Modernity in Contemporary Syria*. Middletown: Wesleyan University Press.

— 2015. *Performing Al-Andalus: Music and Nostalgia Across the Mediterranean*. Bloomington: Indiana University Press.

Sharif, S. 2011. *al-Musiqa fi Suriyyah: 'ilam wa-tarikh [Music in Syria: Information and History]*. Damaskus: Wizarat al-Thaqafah.

Weinrich, I. 2004. Tango im Nahen Osten. Seine frühe Rezeption in Musik und Film im Vergleich zu Europa. In: Bröckner, M. (Hg). *Traditionelle Musik und Mode(n) – Freie Berichte* (Berichte aus dem ICTM Nationalkomitee Deutschland, Bd. 13), Bambberg: Universitätsbibliothek Bamberg, 49-87.

— 2011. Musik zwischen den Welten. Zur Entwicklung des modernen Musiklebens in arabischen Staaten. In: Brands, G., Schnepel, B. und Schönig, H. (Hg). *Orient – Orientalistik – Orientalismus. Geschichte und Aktualität einer Debatte*. Bielefeld: transcript Verlag, 221-243.

Untold Stories of War-Displaced Young Syrians in Würzburg, Germany

An Ethnomusicologist's Call for Active Listening

Guilnard Moufarrej

This article examines the role of music in the lives of war-displaced Syrian youth and young adults living in Germany as they try to cope with the trauma of war, loss, displacement, and insecurity while adapting to their new lives and milieu. It aims to show how music and "active listening" can be a channel and a therapeutic tool to give traumatized young people a voice and allow them to tell their stories and share their emotional distress. My discussion is based on field observations, informal conversations, and formal interviews I conducted in 2021 and 2022 in Würzburg, Germany, while a visiting professor at the Institute of Music Research at the University of Würzburg. I also draw from my previous work on music intervention programs among Syrian children in refugee camps in the Middle East and on the use of Syrian children as propaganda tools in the Syrian conflict that started in 2011 (Moufarrej 2018, 2022).

I first provide an overview of the Syrian refugee crisis and previous studies on trauma and mental health among refugees.[1] Then, I discuss two case studies that highlight different experiences and coping mechanisms among the refugees. In doing so, I aim to show that, contrary to political and media representations of refugees as a homogeneous group, refugees are heterogeneous with respect to their background, displacement experience, resilience (Georgiadou et al. 2017, 611), and handling of trauma. I shall also argue for the importance of "active listening" as a research approach to understand these experiences and the unique ways refugees use mediating factors like music to feel, process, or distract from their trauma. They each have a different story and unique ways of navigating their current situations. By retelling these stories, I intend to shed light on a handful of stories of millions of people who are at risk of being forgotten amid diverse political agendas and interests.

The Syrian Refugee Crisis

Since the beginning of the conflict in Syria in 2011, an estimated 12 million Syrians have fled their homes, with more than 6.7 million internally displaced and 5.5 million seeking refuge in neighboring countries in the Middle East, Europe, Australia, and North America. Today, more than 90 percent of the 5.5 million externally displaced Syrian refugees live in urban settings, whereas the remaining 10 percent live in overpopulated refugee camps with limited resources.

In 2015, hundreds of thousands of Syrians arrived in Europe by sea, escaping a devastating war and hoping for safety and better living conditions. In contradistinction to European countries that closed their borders due mainly to public outrage fueled by xenophobia,

---

[1]   In this article I use the term "refugee" as defined by the UNHCR to refer to all Syrians who entered Germany since the beginning of the Syrian crisis in 2011 even though some of them have now obtained German citizenship or have applied for asylum. According to the UNHCR, refugees are "people who have fled war, violence, conflict, or persecution and have crossed an international border to find safety in another country." (UNHCR, n.d.)

Germany implemented new welcoming policies by suspending the "Dublin Rules," a legal European Union barrier that would require refugees to seek asylum at their first port of entry in the EU (Deutsche Welle, 2015). According to the Federal Statistics Office, as of April 2020, more than 700,000 Syrians are living in Germany, forming the third-largest foreigner group in the country behind Turks and Poles (Federal Statistical Office, 2020). Nevertheless, the enthusiasm with which the refugees were originally greeted when they arrived was soon overwhelmed by anti-immigration views, which became increasingly ingrained among many local people and motivated the government to establish integration policies to reduce tension (Mashouka, 2019). These included German language instruction, "integration" courses, and training in vocational schools (Wagińska-Marzec, 2017). The COVID-19 pandemic halted many of these programs, severely inhibiting the government's efforts to facilitate the integration of the refugees and the refugees' ability to find stability and security.

State of Research on the Impact of the War on the Syrian People

The ongoing Syrian refugee crisis has prompted a growing research interest in the impact of the war, violence, and asylum-seeking among Syrian refugees in general and Syrian children and young adults in particular (Abdel Jabbar et al. 2014; Borho et al. 2020; Georgiadou et al. 2017; Kalaf and Plante 2019; Karaman and Ricard 2016; Scherer et al. 2020; Yaylaci 2018). A multidisciplinary study conducted at the University of Edinburgh on the link between food security and mental health among Syrians experiencing conflict notes several risk factors with consequences on mental health, including "traumatic or violent events, forced multiple displacements, unresolved grief, disruption to meaningful activities, breakdown of social roles, loss of social support and persistent daily stressors, such as poverty, overcrowded shelters and inadequate access to food" (Burke et al. 2020). A study conducted in 2016 at the Friedrich-Alexander University in Erlangen-Nürnberg explored the prevalence of post-traumatic stress, depression, and anxiety among Arabic speaking asylum seekers[2] living in three of its neighboring collective accommodation centers, showing the need for further research on mental health within vulnerable refugee populations that could inform culturally sensitive psychological interventions (Georgiadou et al. 2017). Only a few studies have discussed the role of music and art-based therapies in addressing refugee mental health needs (Agopian 2018; Feen-Calligan et al. 2020; Kalaf and Plante 2019; Moufarrej 2022; Pavlicevic and Impey 2013) and more importantly the "centrality of [these young refugees'] voices and experiences" (Sen 2018, x). There is a gap in this kind of research due to its foundation in the work of NGOs or other outsider individuals or organizations, because a personal rapport between researcher and interlocutor has not been normalized. In fact, most studies among this population do not necessarily draw from the direct experiences of refugees and often generalize their health needs. This research, which draws from the experiences of a vulnerable population, requires deeper observation and analysis. To develop relationships of trust with my interlocutors, I have invoked active listening in focusing our conversations on their musical experiences and taste, as music is a medium through which we can learn about their experiences of trauma, their self-regulating behaviors, and their mental health

---

2   Of the 56 participants in the study, 26 (46,4%) were of Iraqi descent and 19 (33.9%) came from Syria.

needs. I argue therefore that besides being a tool for self-expression, the use of music among these young refugees and their choice of songs can inform us about their lives as refugees or migrants, their struggles to cope with their experiences of war, violence, discrimination, and their efforts to integrate themselves in their host community.

Narratives of War-Displaced Syrian Youth and Active Listening

My encounter with the Syrian youths in Würzburg happened in an unexpected way. In July 2021, I had come to Germany for pre-fieldwork in order to examine the potential role of music in facilitating the integration of Syrian refugees in their host communities and in building bridges between the newcomers and the host culture. I soon discovered that the street at my residence at the University's Welz-Haus is a meeting place for young refugees, the great majority of whom are from Syria. They gather every day in different groups to socialize, smoke cigarettes, and listen to music. The young men are often joined by girls—aged between 16 and 20—of different national backgrounds, including Russians, Albanians, and Germans, with whom they often enter into romantic relationships that last from days to months and even years. When I asked some of the girls why they hang out with these young men, they replied that they enjoy their company. I should note that Arab girls are almost never present in these gatherings, likely because of their conservative parents' rules.

At first, I was reluctant about asking the young men for formal interviews, but once I told them that I was there to learn about the music they listen to and what it means to them, the majority agreed to speak to me. I soon realized that many were eager to talk and tell their stories of fleeing the war in Syria, their journey to Germany with all the obstacles that they had to overcome, and their current living situation, which is not without stress and insecurity. After listening to them for an extended time, sometimes one hour or more, we would begin talking about their music listening habits and their song repertoire.

My interlocutors would later tell me that talking about their life experiences was helpful, since it enabled them to share their experience with others. They would confess that they would tell these stories to me only because I could understand what they are feeling. My language and cultural background as a Lebanese descendant whose native language is Levantine Arabic, the mother tongue of the Syrian refugees, have probably contributed to breaking such barriers, but it may be music and my "active listening" that helped build trust between my interlocutors and me and gave them a sense of relief. Research on mental health interventions among resettled refugees has shown the effectiveness of "narrative exposure therapy [. . .] in treating the effects of trauma in refugees" (Gwozdziewycz and Mehl-Madrona 2013; Neuner et al. 2004 cited in Mitschke et al. 2017, 590). Narrative exposure therapy (NET) "involves the participant's construction of a chronological narrative of traumatic experiences, characterized by the therapist's employment of emphatic understanding, active listening, congruence and unconditional positive regard" (ibid.). Although I by no means aimed at addressing my interlocutors' mental health in a professional therapeutic manner (my training as an ethnomusicologist would not allow me to undertake such initiative), I was relieved to know that my approach was efficacious and could constitute a first step toward helping alleviate young people's traumatic experiences.

My "active listening," as well as my language and cultural background opened the way for my interlocutors to share their war experiences, but it was their music-listening habits that helped inform me about their feelings and current experiences. I present below two case studies from interviews I conducted during my stay: one was with Rami,[3] a young male aged twenty-two, and Nadia, a young female aged twenty-seven.[4] Each one of the two case studies tells a story and shows how these young people are dealing with their trauma and life struggles.

Rami and *"Idtirab ma baʿd al-sadma:"* Between Denial and Acceptance

Rami arrived in Germany at the end of 2014 at the young age of sixteen to join his brother, who had come to Germany a few years earlier. He had fled Syria alone at the age of thirteen for fear of being killed in the war and sought safety in Lebanon, where he lived for three years. About his experience with the war, he says: "I lived in the middle of the war for about two years. We would wake up in the middle of the night to the sounds of airplanes bombing the city or missiles falling next to our house. I saw dead bodies in the street, I witnessed the Syrian army invade cities, I saw the demonstrations. I lived through all of this. I lost friends and neighbors, and I lost a cousin. Having witnessed all of this, I had to make a very tough decision and I said to myself: I must leave" (interview by author, 15 July 2021). He added: "When I left, I had a feeling that I'm not going back to this country, and I was happy that I won't be going back." In Lebanon, Rami found a job and lived in a shared apartment with other Syrian refugees. On his time there, he recalls that he had a great experience and felt safe; however, since he did not have a residence or work permit in Lebanon he was forced to leave, lest he be arrested. He could not return to Syria for fear of being kidnapped by one of the fighting groups and forced to fight with them, so he decided to go to Turkey. The lack of job opportunities in the new country and the dire living conditions forced him to set his sights on Germany. On his journey from Turkey to Germany, Rami recalled: "We were forced to get on a rubber boat from Turkey to Greece, along with 50 other people, after being told that the boat could only fit 20 people. We had no choice, but to get in because there were armed people yelling at us. The trip was very risky and frightening due to the high waves that were attacking the boat. People were screaming, and upon landing at the shore, many lay down on the beach, unable to move for two or three hours." Next, Rami started a journey by land from Greece to Germany via Macedonia and Serbia. He noted: "This was an excruciating long trip, with long walks on foot and travel by train and car whenever it was safe to do that. When we arrived in Croatia, we received some help from individuals, humanitarian organizations, and the police." Once in Germany, Rami was admitted to a camp for minors, along around 300 other minors from different countries and ethnic backgrounds, including Somalia, Eritrea, Afghanistan, and Iraq. He was not allowed to see his brother or live with him as he had hoped—which was traumatic for him. Life at the camp was precarious. He told me: "After living on my own for many years and taking responsibilities of my own life, I now had to abide by the camps' rules as to when I could go to sleep and wake up, when I

3   For privacy reasons and to protect the identity of my interlocutors, I use pseudonyms to refer to them instead of their real names.
4   All of my interviews were conducted in the Arabic language.

could eat, and when I could go out. Also, the environment was toxic. Alcohol and drugs were circulated regularly, and the police was called to the camp every day." In describing his experience in the camp, Rami mentioned many times the term *daght nafsi rahib*, which translates as "terrible psychological pressure." Consequently, he fled the camp and joined his brother.

I then asked Rami whether he listens to music, and if he does what music genres he listens to. He replied: "Back in Syria, I used to listen to *aghani fulkluriyyah wa-sha'biyyah* ("folk and popular Arabic songs") and to *aghani 'atifiyyah* ("romantic songs"), but not any more because they don't give me the same feelings as before." As for his current songs' repertoire, he noted that his choice of songs varies according to his mood and state.

He explained: "Sometimes I like to listen to upbeat and motivational songs such as the song "Inta tiqdar (You are capable)" by Egyptian singer Mahmud al-'Usayli because such songs energize me and give me hope for a better future. At other times, however, when I feel *mukta'ib* ("depressed") or nostalgic, I like to listen to meditative music. Sometimes though I like to be alone and not listen to anything." I asked Rami how often he feels sad or *mukta'ib* and he replied:

Mahmud al-'Usayli, "Inta tiqdar"

> "It is a constant feeling, but it comes in different waves. Some days this feeling is stronger than other days. When I sit by myself, all these memories get back to me. That's why I don't like to sit by myself, but sometimes I sit alone in order to understand these feelings: what am I feeling? why am I escaping from them? and why don't I confront them? In the beginning, I didn't have answers to my wonders, but I worked on myself and I learned how to deal with my feelings, and this has helped me a lot. I learned through reading, asking questions about how one should feel his emotions and not escape from them so I'm doing this and it is helping me. Three years ago, I was in a state of *ikti'ab hadd* (extreme depression), but now my situation is different. Of course, I still feel *mukta'ib* sometimes, but my situation has improved since I started to understand what's going on with me."

I asked Rami how he expresses himself and whether crying helps him when he feels *mukta'ib*, and he replied: "I don't cry. Sometimes I wish I could, but I cannot. For a while I lacked any feelings or emotions. No sadness. Just exhaustion. Because I suppressed my feelings for a long time, my body went into a state of self-defense." He explained: "Sometimes

when I feel tired emotionally and mentally, I go home and try to make *jaww* (ambiance) by listening to specific music that triggers some feelings inside of me, and I try to understand these feelings. There's music that gives me a sense of relief, a music that reminds me of the old days, but when I get this feeling, I start crying and then I feel some relief." Regarding his preference for German music and songs, Rami told me that he does not like German rap, but he listens to other German music and he mentioned the song "Halt dich an mir fest (Hold on to Me)" as one of his favorite songs in German.

Revolverheld feat. Marta Jandová, "Halt dich an mir fest"

I suppose that my interview with Rami would have remained at the narrative level had I not brought up the topic of music and asked him about his listening preferences. It was at that moment that he felt comfortable talking about his struggles trying to overcome his depression and post-traumatic stress disorder. He talked about songs that energize him and others that help him exteriorize his feelings and make him cry, which brings him relief. I later learned that in order to get to that level of self-consciousness about his mental health, Rami went through different stages of denial of such issues. After struggling for a while with all kinds of physical illnesses, including stomach and heart pain, and after realizing that all medical treatments have failed, he admitted that he might be having mental health issues. This was confirmed to him by an Egyptian psychiatrist who diagnosed him with "*Idtirab ma ba'd al-sadma*" which could be translated as the western used term *posttraumatic stress disorder*. It was then that he started looking for ways to overcome this disorder, and music was one of his resorts.

Rami's struggles to overcome his multilayered traumas are shared by many other refugees who have gone through the same trials, but as he told me, most of his friends don't want to admit their struggles, and they keep suppressing their feelings—which continues to affect their wellbeing both physically and mentally. In fact, a great number of my informants have said that they are having different symptoms of physical illnesses that are being difficult to diagnose. Rami concluded that his friends' denials of their mental illness and refusal to seek psychological help have to do with the stigmatization of mental illness in the Arabic culture.

Nadia: A Story of Lost Motherhood and Suppressed Grief

On a hot summer day in July 2022, I arrived at Nadia's apartment and contacted her through the intercom. We had previously agreed to get together so she could tell me her story and wartime experience. She soon joined me, and as we started our walk, sensing how stressed and nervous she was, I offered her a cold drink. She ordered a cup of freshly squeezed orange juice and we continued our walk until we got to a small garden, where we sat and sipped our juice. When I pulled out my recorder to start our interview, Nadia became emotional. I told her that we don't have to record the meeting, and I asked her whether she would still like to tell me her story. Fighting tears in her eyes, she said: "How different is my story going to be from those of the thousands of Syrians who have had similar experiences or even worse than mine?" As our conversation progressed, it became clear to me how horrific her experience was.

Nadia, who arrived in Germany a few months earlier with her three brothers, her sister-in-law, her little nephew, and her mother, had first fled Syria to Greece where they lived for three years in straightened circumstances until members of a religious community helped escort them to Germany. Nadia then told me how her father had been killed in Syria by a bomb and how her husband of two months, whom she loved dearly, was assassinated by a sniper hiding in one of the buildings in their neighborhood. After her husband's death, Nadia found out that she was pregnant. This news gave her some hope thinking that the arrival of the baby would help keep her husband's memory alive. Because of medical complications during her labor, a lack of adequate medical treatment and a traumatic birth, the newborn baby girl had to be transferred immediately to a different hospital, where she died three days later. Nadia's loss of her baby, which she could not touch or feel, has been devastating, especially since she was unable to live her grief and mourn her baby in what would have for her a culturally appropriate way. Her family members and relatives, trying to alleviate her pain, told her that she should submit to God's will, and that it would have been almost impossibly difficult for her to flee from Syria to Greece with a baby—which forced her to suppress her feelings. After seven years, Nadia is still mourning her baby. Perhaps the most poignant statement was when she told me: "I may be alive on the outside, but I am dead on the inside." Nevertheless, despite her feelings of grief and loss, Nadia repeatedly asked: "Why should I complain about losing one child when other fellow Syrians have lost four or five children?" This might have been her way to accept and overcome her loss. I asked her whether she shares her grief with her family and she replied: "My mom often comes to my room and asks me how I'm doing, and I immediately tell her that I am doing well, so I end the conversation." Nadia later admitted that I was the first person with whom she shared her story.

I asked Nadia whether she listens to music and she nodded affirmatively. She later shared with me links to songs she listens to—which unsurprisingly are imbued with sadness and distress talking about the pain of separation. The lyrics of one song performed in a *mawwal* style, which is a vocal improvisation genre, read:

Mawwal "Dallat bass suwarhum"

Yumma laysh laysh illi nihibhum ma yidillun?	Mother, why those whom we love don't stay?
Wallah yidillun jamrah bil-qalb.	They stay an ember in the heart.
Thikrahum ykhalluha wiruhun.	They leave their memory and they go
Wa dallat bass suwarhum	Only their photos have remained
ma naʿraf khabarhum	We don't have any of their news
Rahu min ʿidina	They were gone from our hands (we lost them)
shqad bjina w-ma yirjʿun	How much did we cry and they will not return
wil ʿishna bhawahum	And those whom we lived loving
adhuna bjifahum	have hurt us with their estrangement.

Obviously, the lyrics in this *mawwal* speak to Nadia's experience and express what she could not put in words herself. I texted her after our meeting, thanking her for entrusting me with her story and apologizing for any distress our conversation may have caused her, but she replied that she had been happy to talk with me. This shows again how important "active listening" is for traumatized and distressed people.

Unlike Rami who is trying to overcome his traumatic experiences by confronting his feelings even though he sometimes succumbs to them, Nadia shows no desire to get over her feelings of loss. I suggest that those feelings are probably what connect her with her beloved husband and baby girl. For people around her, Nadia behaves as a normal person who has moved on with her life, but within herself "something has died inside." She could be sharing a smile while she is weeping on the inside.

Music helps both Rami and Nadia express their feelings; nevertheless, whereas Rami exerts some agency over his songs' selection depending on his mood therefore choosing upbeat songs to boost up his energy and morale and meditative music when he feels down, Nadia listens to sad songs that amplify her feelings of loss and pain, as if music has become the only medium in which she can permit herself to realize her grief.

Conclusion

The stories of Nadia and Rami are only two of dozens of stories I heard during my fieldwork and of hundreds of thousands of other stories that remain untold. Different obstacles have prevented war-affected people from getting the psychological support they need in order to overcome the experiences of the war and to improve their well-being. These include the language and cultural barriers, the stigmatized issue of mental health in Arabic culture, and the shortage of such services in Germany, given the increasing number of refugees and asylum seekers who have entered the country since the year 2015. As I reflect on my original role in this research as an ethnographer, I refer to earlier arguments about the ethnographer's role and how we must give and not just take. I remember here anthropologist Nancy Sheper-Hughes (1995), who argues about our responsibility as ethnographers to use our research for social justice for the population we study. This responsibility increases when we are dealing with vulnerable populations, such as Syrian refugees. I hope that through my research and "active listening," I will be able to give these young people a voice, raising awareness of their experiences and confirming our social duty to support their well-being.

References

Abdel Jabbar, S. and Zaza, H. I. 2014. Impact of Conflict in Syria on Syrian Children at the Zaatari Refugee Camp in Jordan. *Early Child Development and Care* 184, 1507-1530. https://doi.org/10.1080/03004430.2014.916074

Agopian, V. 2018. Using Music in the Classroom to Help Syrian Refugees Deal with Post-War Trauma. *International Journal of Educational and Pedagogical Sciences* 12(3), 369-374.

Borho, A., Viazminsky, A., Morawa, E., Schmitt, M., Georgiadu, E. and Erim, Y. 2020. The Prevalence and Risk Factors for Mental Distress among Syrian Refugees in Germany: a Register-Based Follow-up Study. *BMC Psychiatry* 20, 362, https://doi.org/10.1186/s12888-020-02746-2

Burke, J., Abdulateef, S., Boden, L. and Calia, C. 2020. Food Security and Mental healt Under the Covid-19 Syndemic. *Humanitarian Practice Network* (October 14, 2020): https://odihpn.org/publication/food-security-and-mental-health-under-the-covid-19-syndemic/

Destatis – Statistisches Bundesamt. 2015. https://www.destatis.de/EN/Home/_node.html

Deutsche Welle. 2015 (August 25). Germany Suspends Dublin Rules for Syrian. https://www.dw.com/en/germany-suspends-dublin-rules-for-syrians/a-18671698

Feen-Calligan, H., Grasser, L., Debryn, J., Nasser, S., Jackson, C., Seguin, D. and Javanbakht, A. 2020. Art Therapy with Syrian Refugee Youth in the United States: An Intervention Study. *The Arts in Psychotherapy* 69, 101665. https://doi.org/10.1016/j.aip.2020.101665

Georgiadou, E., Morawa, E. and Erim, Y. 2017. High Manifestations of Mental Distress in Arabic Asylum Seekers Accommodated in Collective Centers for Refugees in Germany. *International Journal of Environmental Research and Public Health* 14(6), 612. https://doi.org/10.3390/ijerph14060612

Gwozdziewycz N, Mehl-Madrona L. 2013. Meta-Analysis of the Use of Narrative Exposure Therapy for the Effects of Trauma among Refugee Populations. *The Permanente Journal* 17(1), 70-76. https://doi.org/10.7812/TPP/12-058

Hindy, L. 2018. Germany's Syrian Refugee Integration Experiment. *The Century Foundation*. https://tcf.org/content/report/germanys-syrian-refugee-integration-experiment/

Kalaf, L. and Plante, P. 2019. The Lived Experience of Young Syrian Refugees with an Expressive Arts Workshop About Resilience (L'expérience vécue de jeunes réfugiés syriens dans un atelier d'arts expressifs sur la résilience). *Canadian Art Therapy Association Journal* 32(1), 18-30, https://doi.org/10.1080/ 08322473.2019.1600895

Karaman, M. A. and Ricard, R. J. 2016. Meeting the Mental Health Needs of Syrian Refugees in Turkey. *The Professional Counselor* 6(4), 318-327. https://doi.org/10.15241/mk.6.4.318

Mashouka, N. 2019. Living Conditions of Syrian Refugees in Germany. *Borgen Project* (July 19, 2019). https://borgenproject.org/syrian-refugees-living-conditions-in-germany/

Mitschke, D. B., Praetorius, R. T., Kelly, D. R., Small, E. and Kim, Y. K. 2017. Listening to Refugees: How Traditional Mental Health Interventions May Miss the Mark. *International Social Work* 60(3), 588-600. https://doi.org/10.1177/0020872816648256

Moufarrej, G. 2018. Protest Songs, Social Media and the Exploitation of Syrian Children. In: Dillane, A., Power, M. J., Devereux, E., and Hayes, A. (eds). *Songs of Social Protest: International Perspectives*. London: Rowman & Littlefield International, 354–370.

— 2022. Wellbeing, Cultural Protection, and Sustainability of Traditional Music among Children and Young Adult Syrian Refugees: The Case of Nefes Music School. *The International Journal of Traditional Arts*, 4(1), 1-19. https://tradartsjournal.ncl.ac.uk/index.php/ijta/article/view/58

Neuner, F., Schauer, M., Klaschik, C., Karunakara, U., Elbert, T. 2004. A Comparison of Narrative Exposure Therapy, Supportive Counseling, and Psychoeducation for Treating Posttraumatic Stress Disorder in an African Refugee Settlement. *Journal of consulting and clinical psychology* 72(4), 579-587. https://doi.org/10.1037/0022-006X.72.4.579

Pavlicevic, M. and Impey, A. 2013. Deep Listening: towards an imaginative reframing of health and well-being practices in international development. *Arts and Health* 5(3), 238-252. https://doi.org/10.1080/17533015.2013.827227

Scherer, N., Hameed, S., Acaturk, C., Deniz, G., Sheikhani, A., Volkan, S., Örücü, A., Pivato, I., Akinci, I., Patterson, A. and Polack, S. 2020. Prevalence of Common Mental Disorders among Syrian Refugee Children and Adolescents in Sultanbeyli District, Istanbul: Results of a Population-based Survey. *Epidemiology and Psychiatric Sciences*. 29:e 192. https://doi.org/10.1017/S2045796020001079

Sheper-Hughes, N. 1995. The primacy of the Ethical: Propositions for a Militant Anthropology. *Current Anthropology* 36(3), 409-440.

Sen, S. 2018. Preface. In: Pace, M. and Sen, S. (eds). *Syrian Refugee Children in the Middle East and Europe: Integrating the young and Exile*. London: Routledge, ix–xi.

UNHCR (n.d.). What is a refugee? https://www.unhcr.org/what-is-a-refugee.html.

Vougioukalou, S., Dow, R., Bradshaw, L. and Pallant, T. 2019. Wellbeing and Integration Through Community Music: The Role of Improvisation in a Music Group of Refugees, Asylum Seekers and Local Community Members. *Contemporary Music Review* 38(5), 533-548. https://doi.org/10.1080/07494467.2019.1684075

Wagińska-Marzec, M. 2017. Music as a Tool for the Integration of Refugees in Germany: An Unexpected Challenge. *Przeglad Zachodni* 2, 183-208. https://iz.poznan.pl/plik,pobierz,2230,5fd3e6d58797c65307e75fdeaa04d98a/10.%20Waginska.pdf?plik,pobierz,2230,5fd3e6d58797c65307e75fdeaa04d98a/10.%20Waginska.pdf

Weger Jr., H., Castle Bell, G., Minei, E. M. and Robinson, M. C. 2014. The Relative Effectiveness of Active Listening in Initial Interactions. *International Journal of Listening* 28(1), 13-31. https://doi.org/10.1080/ 10904018.2013.813234

Yaylaci, F. T. 2018. Trauma and Resilient Functioning Among Syrian Refugee Children. *Development and Psychopathology* 3, 1923-1936. https://doi.org/10.1017/S0954579418001293

Syrisch-arabische Klangorte in Würzburg

Ein Stadtspaziergang

Leonard Krüger und Linus Glaesemer

Station 1: Würzburg Hauptbahnhof – Gedanken zu Beginn einer Spurensuche

Ausgehend von Impulsen unseres Seminars zu „Syrischen Tonspuren in Würzburg" begeben wir uns auf einen Stadtspaziergang – vom Hauptbahnhof aus über verschiedene Lokale, wo mit dem syrisch-arabischen Kulturraum assoziierbare Musik erklingt bis zu einer Gemeinschaftsunterkunft für Asylbewerber:innen am Stadtrand und dem Toscanasaal der Würzburger Residenz. Einige Stationen bilden kleinere Mosaiksteine, andere ermöglichen uns dank ausführlicher Gespräche einen Überblick über das breite Spektrum populärer arabischer Künstler:innen, mit denen unsere Gesprächspartner oft besondere Erinnerungen verbinden. Diese Einblicke bieten auch Hinweise auf die komplexe Verflechtung vermeintlich nationaler Musik-Stile im arabischen Raum mit ihren jeweiligen historischen Wurzeln.

Bereits auf dem Weg zur Bushaltestelle erklingen auf dem Bahnhofsvorplatz aus einer kleinen Bäckereibude ein paar Takte Musik syrisch-arabischer Künstler:innen, denen wir im weiteren Verlauf unseres Spaziergangs noch häufiger begegnen werden.

Während unserer Spurensuche stoßen wir immer wieder auf die Frage, inwiefern oder anhand welcher Kriterien sich syrische Musik vom allgemeineren arabischen Kulturraum abgrenzen lässt: Was ist spezifisch syrische Musik oder wie wird diese von Würzburger:innen mit syrischem Hintergrund definiert? In diesem Kulturraum scheinen sich Traditionen und musikalische Entwicklungen gegenseitig stark zu beeinflussen und wirken insofern über Ländergrenzen hinweg. Wir erleben aber auch, dass, unabhängig davon, wo im arabischen Kulturraum die jeweilige Musik entstanden ist, diese Klänge in verschiedenen Ländern mit einem Heimatgefühl und bestimmten Erinnerungen zusammenhängen. Bei unserer Spurensuche stoßen wir auch auf Konflikte in Bezug auf politische Positionen mancher populärer Künstler:innen im Kontext des syrischen Bürgerkriegs. Den Fokus haben wir bei unseren Erkundungen aber primär auf die persönlichen Verbindungen und Erfahrungen von Menschen in Würzburg mit Musik aus dem syrisch-arabischen Kulturraum gelegt.

Station 2: Menara Shisha Cocktail Lounge, Frankfurter Str. 9

In der Würzburger Zellerau finden wir einen Ort, an dem auch Mitglieder der syrischen Community gerne Musik hören. In der Menara Shisha Cocktail Lounge freuen sich die Gäste über die Erfüllung ihrer jeweiligen Musikwünsche. Besonders beliebt sei Musik, die man sonst auf Hochzeiten höre, erzählt uns Issam Charef, ein äußerst hilfsbereiter Mitarbeiter des Etablissements. Er bezieht sich auf die sog. *Dabke*-Tanzmusik, die auch auf vielen syrischen Hochzeiten zu hören ist. *Dabke* ist ein festlicher arabischer Reihentanz, der neben Syrien auch in Ländern wie dem Libanon, Jordanien und Israel/Palästina verbreitet ist. Für dessen musikalische Begleitung werden als Rhythmusinstrumente oft die Trommeln *Darbuka* und *Tabla* und als Me-

Eine Aufnahme des ägyptischen Sängers Ahmed Sheba mit der Tänzerin Alla Kushnir

Eine Aufnahme des libanesischen *Dabke*-Stars Fares Karam

lodieinstrumente die Flöten *Schabbaba* oder *Midschwiz* eingesetzt.[1] Die Gäste wünschten sich eher traditionelle Musik, die sie von den Hochzeiten kennen. Diese Musik, erklärt man uns, würde grundsätzlich auch gut zu der lockeren Atmosphäre der Shisha Lounge passen. In der Bar habe man die Wahl, entweder im Innenbereich eher lautere Musik zu hören und feiern zu können oder im Außenbereich eine ruhigere Atmosphäre zu finden, die Familien und Geschäftsleute sehr schätzen würden. Die meisten Musikwünsche kann Charef gerne erfüllen, nur selten muss er Musikwünsche ablehnen, die zu altertümlich und daher nicht mit der Atmosphäre der Shisha Lounge kompatibel sind.

Station 3: Restaurant Sim Sim al Saituna, Semmelstraße 26

In der Semmelstraße befindet sich das arabische Restaurant Sim Sim al Saituna. Mit seinem Gastwirt, dem gebürtigen Palästinenser Aassem Khatieb, der sich schon seit Jahrzehnten mit Musiktraditionen im arabischen Kulturraum auseinandersetzt, kommen wir ins Gespräch über den Stellenwert von Musik bei seinem Gastronomie-Konzept, die Grenzlinien zwischen syrischer und arabischer Musik und seine persönlichen musikalischen Vorlieben.

Während sich die jüngere Generation der arabisch-stämmigen Community in Europa laut Khatieb eher mit modernerer arabischer Popularmusik von Künstler:innen wie den libanesischen Pop-Sängerinnen Elissa und Nancy Ajram beschäftige, fasziniere ihn immer noch eher die Musik der für ihn unsterblich gewordenen Gesangsikonen Sabah Fakhri (1933–2021) oder Fairuz (*1934). Letztere sei zwar Libanesin, aber ihre von Klassik und Jazz beeinflusste Musik habe viele Menschen im gesamten arabischen Raum, auch in Syrien, tief geprägt.

Sabah Fakhri, „Qadukka al-Mayyas"

Der in der syrischen Stadt Aleppo geborene und während seiner späteren, spektakulären Karriere weltweit konzertierende Sabah Fakhri sei für ihn eher spezifisch syrisch in einem nationalen Sinn. Besonders fasziniert Khatieb an seiner Musik ihr poetisch-verzaubernder Charakter und die in ihr zum Ausdruck kommende Bandbreite an Emotionen. Dadurch entstehe in seinem Restaurant eine besondere Atmosphäre, denn gerade seine arabisch-stämmigen Gäste schätzten die poetische Musik von Sabah Fakhri, die auf charmante Art auf Motive wie Liebe, Rausch und Verführung verweise.

Neben Sabah Fakhri und Fairuz haben Aassem Khatieb seit seiner Kindheit auch ägyptische Künstler:innen wie Um Kulthum (1904–1975) oder Abdel Halim Hafez (1929–1977) geprägt, die bis in die 1970er Jahre hinein in der ganzen arabischen Musikwelt außerordentlich populär gewesen seien. Die jüngere Generation kenne diese

George Wassouf

Musik leider kaum mehr, obwohl bekannte syrische Sänger wie George Wassouf ihre Lieder immer noch sängen. Gegenwärtig trage aber die 1985 geborene ägyptische Sängerin Shaimaa Elshayeb dieses Kulturerbe weiter. Ihre überdies von arabisch-andalusischer Musik geprägten Lieder spielt Khatieb ebenfalls äußerst gerne in seinem Lokal. Es liegt ihm am

---

1   Zu *Dabke* vgl. Cohen und Katz 2006. Für eine Analyse der Rolle von *Dabke* im Kontext der syrischen Protestbewegung vgl. Silverstein 2012.

Herzen, ein vertieftes Verständnis dafür zu erwecken, welche grenzüberschreitenden historischen Wurzeln diese arabische Musik habe, die aktuell häufig eher mit nationalen Musikszenen im arabischen Raum assoziiert würde.

Ein syrisches Ensemble, das sich mit verschiedenen Musiktraditionen auseinandersetzt, möchte der Gastwirt Aassem Khatieb noch besonders hervorheben: die fünfköpfige *Takkat Band*, welche in raffinierter und kreativer Weise Neuinterpretationen traditioneller syrisch-arabischer Musik schaffe. Die *Takkat Band* trat bei der Expo 2020 in Dubai im Pavillon Syriens auf und könne deshalb auch vor dem Hintergrund kulturpolitischer Strategien betrachtet werden. Aassem Khatieb sagt, ihre Musik gefalle auch seinen europäischen Gästen außerordentlich gut, und so kombiniere er sie gerne mit Klassikern der 1960er bis 1980er Jahre.

Takkat Band

Da es in Würzburg nicht so ein breites arabisches Kulturangebot gibt wie etwa in Berlin, ist es dem Gastwirt des Sim Sim al Saituna umso wichtiger, in seinem Lokal sorgfältig zusammengestellte arabische Musik zu spielen. Dennoch sei die syrische Community in Würzburg relativ selten bei ihm zu Gast – was vielleicht an den unterschiedlichen Falafel-Rezepten liege.

Die Frage, inwiefern Musik auch in politische Entwicklungen Syriens verstrickt sei, greift Aassem Khatieb schließlich noch auf, indem er die umstrittene Nähe der erfolgreichen syrischen Sänger George Wassouf und Ali al-Deek zum Assad-Regime thematisiert. Als Ali al-Deek Silvester 2019 in Mannheim auftreten sollte, organisierten syrische Oppositionelle Protestaktionen und lenkten so die öffentliche Aufmerksamkeit auf die politische Dimension solcher Konzerte. Aassem Khatieb ist aber der Meinung, dass Musik und Politik auseinandergehalten werden sollten – allzu patriotische Lieder würden in seinem Lokal nicht erklingen.

Station 4: „Gemeinschaftsunterkunft für Asylbewerber", Veitshöchheimer Str. 100

Bei einem interkulturellen Kochtreff in der Gemeinschaftsunterkunft am Würzburger Stadtrand treffen wir Mohammad, der uns erzählt, dass die Musik der *Dabke*-Tänze, mit denen wir uns schon in der Menara Shisha Cocktail Lounge auseinandergesetzt haben, in seiner syrischen Heimatstadt Deir ez-Zor in der Nähe der irakischen Grenze ganz anders klinge als beispielsweise in den Städten Homs und Damaskus, also ihren ganz eigenen Charakter habe.

Auf unseren Recherchen lernen wir außerdem mehr über den vielfach ausgezeichneten Würzburger solidarischen Musikschulverein „Willkommen mit Musik" (WiMu e.V.),[2] der seit 2014 u.a. in Erstaufnahmeeinrichtungen, Notunterkünften und Willkommensklassen musikpädagogische Projekte, Workshops und Konzerte für und mit Geflüchteten organisiert.

Station 5: Toscanasaal der Würzburger Residenz, Residenzplatz 2 Tor A

Betrachtet man die Repräsentationsarchitektur der Würzburger Residenz als Außenstehender, würde man nicht primär vermuten, dass in ihren Räumen universitäre Forschung und Lehre betrieben werden. Auch das Institut für Musikforschung hat hier angemietete Räume: Im Erdgeschoss ist die Studiensammlung Musikinstrumente untergebracht, daneben liegt der Hörsaal III, in dem Seminare stattfinden, wie auch dasjenige, von dem unsere Spurensuche ihren

2   https://wimu-ev.de/

Ausgang nahm. Nur zwei Stockwerke darüber liegt der Toscanasaal, ein Ballsaal, den Großherzog Ferdinand III. von Toskana 1806 während seiner Würzburger Zeit mit arabeskenhaft verspielter Wandmalerei ausgestalten ließ. Wegen seiner besonderen Atmosphäre wird der Saal gerne für kleinbesetzte Kammermusik-Konzerte oder Liederabende genutzt – also bürgerliche Konzertgenres.

Dort ein Konzert mit einem syrisch-deutschen Duo im Rahmen des Mozartfestes zu hören, mag außerhalb der Erwartungshaltung liegen, die dem Saal in der Regel entgegengebracht wird. Aktham Abou Fakher (Oud) und Felix Schneider-Restschikow (Klavier) füllten den Saal mit Klängen in einer Mischung aus traditionell arabischer, europäisch-klassischer Musik und Jazz.[3] Die Klänge der Oud und des Klaviers bauten einander auf, ergänzten einander und veranlassten die Musiker gleichzeitig dazu, umzudenken und auf den anderen einzugehen. Zwei Musiksysteme schienen symbiotisch miteinander zu kommunizieren. Auch das Publikum hatte an diesem Prozess teil. Nicht nur das übliche Klassik-Publikum war hier zugegen,

Aufzeichnung des Konzerts vom 16. Juni 2022

sondern ein deutlich diverseres, zudem in allen Altersgruppen. Für kurze Zeit verwandelte sich der Toscanasaal so zu einem eigenen Mikrokosmos, einem Ort, an dem Herkunft, Alter, Beruf und Bildung keine Rolle zu spielen und in welchem Vorurteile für einen Moment lang nicht zu existieren schienen. In unserer Wahrnehmung wurde das Konzert so zu einem Paradigma für transkulturellen Dialog. Es zeigte, wie Musik Grenzen überwinden und Spuren ziehen kann vom syrischen as-Suwayda – der Heimatstadt Abou Fakhers – bis nach Würzburg.

Station 6: Firas Feinekost, Erthalstraße 44

Unser Stadtspaziergang endet bei Firas Feinekost, auch „Schmuckstück im Frauenland" genannt. Schon beim Betreten des Bistros wird klar, dass hier auf verschiedenen Ebenen eine besondere Atmosphäre geschaffen und syrische Kultur ganzheitlich gepflegt werden soll. Hier sei der beste Treffpunkt in Würzburg, um syrisch-arabische Musik mit Genuss zu verbinden, betont der Inhaber Firas Bdiwi. Typisch syrische Musik finde für ihn vor allem in seinem Lokal und bei großen Festen statt. Er erzählt von der Hochzeit seines Bruders mit traditionellen *Dabke*-Tänzen, die bei solchen Feierlichkeiten eine wesentliche Rolle spielen. Allerdings pflege jede Stadt oder Region bei diesen Tänzen ihre eigenen Traditionen, was sich auch auf die musikalische Gestaltung auswirke. In seiner syrischen Heimatstadt Homs sei es beispielsweise einmal Brauch, dass Frauen und Männer in unterschiedlichen Räumen und zu unterschiedlichen Musiken feiern, ein andermal werde aber auch gemeinsam gefeiert.

Dabke aus Homs während einer Hochzeitsfeier

In seinen Feinkostladen kämen viele Menschen, erzählt uns Bidwi, die die multikulturelle Atmosphäre schätzten. Es sei ihm ein Anliegen, diese auch zu pflegen, indem bei entsprechenden Anlässen im Lokal beispielsweise syrische Geburtstagslieder gespielt würden. Eine besondere und persönliche emotionale Bedeutung hat für Firas Bdiwi die libanesische Sängerin Fairuz. Ihr musikalisches Wirken sei grenzüberschreitend, sie habe im ganzen arabischen Kulturraum eine außerordentliche Popularität. Auch bei den Liedern von Sabah Fakhri sei es spannend nachzuforschen, welche kulturellen

3   Vgl. den Beitrag von Elena Ungeheuer und das Interview mit Aktham Abou Fakher in diesem Band.

Wurzeln sie hätten: libanesische, marokkanische und ägyptische. Die Bedeutung dieser Künstler:innen sei aber auch eine Generationenfrage. Fairuz sei zum Beispiel in seiner Kindheit fester Bestandteil des Alltags gewesen, jetzt höre man ihre Lieder seltener.

Diese Generationenfrage spiegelt sich auch bei der Musikauswahl von Hochzeitsfeiern der syrisch-stämmigen Community wider. Dort, wo alle Generationen zusammenkämen, erzählt er, seien sowohl traditionelle Tänze als auch modernere arabische Popularmusik beliebt. Ein gutes Beispiel für den Musikgeschmack der jüngeren Generation sei der syrische Sänger Nassif Zeytoun, der eine wunderschöne Stimme habe und in der internationalen Community aktuell sehr große Beliebtheit genieße. Zeytoun wurde 1988

Nassif Zeytoun
Mix

im Umland von Damaskus („Rif Dimashq") geboren, gewann zahlreiche Talentshows im arabischen Raum und ist besonders auf YouTube und Anghami, einer arabischen Streaming-App, außerordentlich erfolgreich. In seinen Stücken singt er so wie einige Sänger:innen im Exil auch über die Sehnsucht nach der Heimat.

In seinem Feinkostladen möchte Firas Bdiwi eine gemütliche, authentische Atmosphäre schaffen, die von der Musik getragen wird. Ähnlich wie für Aassem Khatieb ist Musik ein Musik ist ein entscheidender Bestandteil seines Konzepts von Gastronomie und Gastlichkeit. Er erzählt uns von einem Paar, das bereits gehen, beim Hören der Musik des ägyptischen Sängers Mohammed Abdel Wahab (ca. 1901–1991) dann aber doch noch länger bleiben wollte, weil diese Musik sie in der Atmosphäre dieses Moments in ihren Bann zog. Ihm selbst gehe es genauso: wenn er noch bis spätabends im Lokal arbeite, fessle ihn die Musik und in manchen Situationen, in denen er nicht zu sehr in der Küche beschäftigt sei und sich voll auf die Musik konzentrieren könne, höre er Lieder, die er mit besonderen Erinnerungen verknüpft, z.B. die des syrischen Sängers George Wassouf, durch die er sich an seine Studienzeiten zurückversetzt fühlt, wo er mit seinen Freunden zusammensaß.

Firaz Bdiwis Kommentar zu Fairuz' und ihrem Lied „Li Beirut"

Station 7: Institut für Musikforschung, Domerschulstraße 13 – Rück- und Ausblick

„Was bedeutet syrische Musik für euch?" Die verschiedenen Begegnungen auf unserer Spurensuche haben uns gezeigt, was für überraschende Gespräche sich bei dieser Frage entwickeln können. Wir konnten erahnen, welche komplexen Verflechtungen und historischen Verwurzelungen es innerhalb eines Kulturraums gibt und wie problematisch bei der Zuordnung von Musik nationale Kategorien sein können. Über all dem steht für uns die Erkenntnis, welch wertvolle Erinnerungen, aber auch Heimweh und Träume beim Hören bestimmter Künstler:innen aus dem syrisch-arabischen Kulturraum aufkommen und wie der interkulturelle Austausch über Musik in unseren Städten und Dörfern unseren Diskurs über Identität, gesellschaftlichen Zusammenhalt und die politische Dimension von Musik bereichern kann.

Quellen und Literatur

Gespräch mit Aassem Khatieb (21. September 2022)
Gespräch mit Isaam Charef (23. September 2022)
Gespräch mit Firas Bdiwi (24. September 2022)

Cohen, D. und Katz, R. 2006. *Palestinian Arab Music: A Maqam Tradition in Practice.* Chicago: University of Chicago Press.
Silverstein, S. 2012. Syria's Radical Dabka. *Middle East Report* 263, https://merip.org/2012/05/syrias-radical-dabka/

"Wajd: Songs of Separation"

A Film Review

Clara Wenz and Oliver Wiener

9 June 2022, Würzburg, Eichhornstrasse/Herrnstrasse

Around thirty people, including university students, some world-music aficionados, and a few Syrian families, have gathered in the space which, for a period of ten days, hosts our temporary exhibition "Syrische Tonspuren in Würzburg (Syrian Sound Traces in Würzburg)", a collaboration between students from the Institute of Music Research at the University of Würzburg, Syrian musicians, and the organisers of Würzburg's annual Mozartfest. Tonight's attendees are surrounded by exhibition walls displaying images and sound recordings that explicitly or inexplicitly link different places in and around Würzburg with different places in Syria: an alley in the city of Aleppo with the towns of Augsburg, Schweinfurt and Ochsenfurt; the Marienkapelle at Würzburg's busy marketplace with the al-Zeitoun church in the old town of Damascus; the coastal town of Lattakia with the neighbourhood of Zellerau...

Music, so the basic message of the exhibition, forms a connection between different places and people, and this is also the main idea of the Syrian documentary that we are screening tonight. Entitled "Wajd: Songs of Separation", the film was released by Canada-based director Amar Chebib in 2018. Its origins, however, can be traced back to the year 2010 when Chebib travelled to Syria, the birthplace of his father, to document the country's traditional music and its relationship to Sufism—a collective term for various mystical strands of Islam. Specifically, he set out to Syria's two largest cities, Aleppo and Damascus, to capture the musical practices that form part of the *dhikr* (from *dhakara* to remember), the ritual invocation and remembrance of God that Sufi communities, but also some followers of a more orthodox Islam, engage in. In Syria, which has historically been home to a variety of Sufi orders (for example, the Mawlawiyya, the Qadiriyya, the Rifaʿiyya, or the Badawiyya order),[1] the *dhikr* usually takes place in a mosque or a Sufi lodge called *zawiyah* (literally "corner"), and involves prayers, the recitation and collective chanting of songs, as well as specific bodily movements—elements which are collectively termed *samaʿ* (spiritual audition).[2]

Once back in Canada, Chebib started editing the interviews and recordings he had taken, planning to soon publish what he envisioned to be a rather academic exploration of questions related to music theory, religious practice and cultural heritage. This plan, however, was disrupted six months later—first, by the popular protest movement that broke out in Syria in March 2011 and then by the violent conflict that followed. Chebib had stayed in touch with his interlocutors and, witnessing from afar how the war affected them and eventually forced them to leave their home country, he decided to follow, over a period of five years, the three main protagonists of his film to their new temporary homes: the Palestinian-

---

1   Some of these orders have maintained close links to the government, others have a history of opposition. The film, perhaps intentionally, avoids naming the specific orders that some of its protagonists may belong to. For studies on Sufism in Syria see Pinto 2006, 2016 and Weismann 2004.

2   For specific accounts on the relation between music and Sufism in Syria, see Shannon 2021 and 2006: 106-129.

Syrian oud-player Abdulwahed al-Khamrah to Istanbul; the Aleppian chanter and musician Ibrahim Muslimani to the city of Gaziantep; and the oud player Mohamad Denno to a refugee center in the Netherlands.

In documenting the meanings and memories that Abdulwahed, Ibrahim and Mohamad find in music during their journey, Chebib not only gives fragmented insights into Syria's and especially Aleppo's places of music, many of which have been severely damaged throughout the war; he also sheds light on the new localities from which his protagonists remember and reconstruct these places from a distance. The result is a powerful comment on the role musical memories can play in times of forced migration. Music as a route to places that live (on) in people's minds—this is the main principle of the film, both in terms of content and the way it is organized aesthetically. In the following pages we will analyze this principle in detail, and we will do so in four steps: The first part will situate "Wajd: Songs of Separation" into a broader cultural context and outline how, by narrating Syria's contemporary history of war and displacement through a focus on personal and intimate histories, the film follows a testimonial impulse that has been characteristic of many post-2011 Syrian cultural productions. The second part will present a detailed description of the ways the different protagonists are portrayed via music, and thereby give insights into the film's cinematographic language. The third part will utilise Bakhtin's notion of the *chronotopos* as an analytical tool to capture how the film's narrative structure oscillates back and forth between different times and places to convey the multiple layers of displacement and musical (be-)longings that the protagonists experience. The fourth and final part will return to the title of the film and outline the means by which the film mobilizes the spiritual concept of *wajd* to find a way to talk about loss and trauma.

A Testimonial Turn: Post-2011 Syrian Documentary Cinema

"Wajd: Songs of Separation" was released at a time in which Syrians around the world were faced with the de-humanizing effects of two different "regimes" of media representation: First, there were the Syrian government's brutal attempts at a monopoly over official national discourse, with state media rendering, from the very beginning of the uprising, oppositional activists as terrorists and/or enactors of a foreign-funded conspiracy. Second, there was the coverage of the Syrian war by global news outlets. Sustained by the hyper-accelerated circulation of often graphic violence and consumed by an increasingly over-saturated international audience, the kind of spectatorship that this coverage produced is now viewed by some as having contributed to the Syrian regime's having been able to maintain its power (Della Ratta 2018; Wedeen 2019).[3]

---

3   The scholars cited offer two different, albeit interrelated arguments. According to political scientist Lisa Wedeen, the hyper-accelerated dissemination of competing new narratives—what she calls "high-speed eventfulness" (2019, 13) generated a state of over-information, and with it an atmosphere of heightened doubt and uncertainty that provided people with the alibi to refrain from political judgements, an alibi which, in turn, the Syrian regime was able to exploit to its political advantage. In *Shooting a Revolution – Visual Media and Warfare in Syria*, Donatella Della Ratta, too, draws parallels between the fragmentation of media and the fragmentation of civil society. She does so by pointing to the *networked* dimension of the Syrian conflict. According to her, networked communication technologies such as the Silicon Valley corporate platforms YouTube and Facebook, while first thought to benefit

With the global perception of Syria being dominated by a mass-proliferation of images and with the Syrian regime's attempting to manage and manipulate the ways in which the country's uprising and armed conflict was being interpreted by the national public, many Syrian citizens felt profoundly disenfranchised: deprived not only of their right to political self-determination but also of the possibility to impact how they were being represented in the world. As a result, activists and artists, both in and outside of Syria, turned to individual and personal testimonies to represent their society in ways that would resonate with protesters' demands for a life in dignity, *karamah* in Arabic.

This "testimonial turn" was boldly visible in the eye-witness reports and low-resolution mobile phone videos that citizen-journalists uploaded on the internet with the hope of providing future evidence of the atrocities committed against Syrian civilians (Adami 2016; Della Ratta 2018; Meis 2017; Rohde et al. 2016); it inspired scholarly works (Halasa & Mahfoud 2014; Pearlman 2017) and the formation of grass-root online archives such as "The Creative Memory of the Revolution"[4] or the participatory mapping project of the "Aleppo Project";[5] and it was visible in the rise of artistic and documentary formats which, at times explicitly recalling the works of Walter Benjamin, privileged *storytelling* over information.

Of these latter formats, the most prominent examples are the short videos by the award-winning Syrian film collective Abounaddara (Arabic for "man with glasses"). Over the course of the last twelve years, the collective has published more than three-hundred short films.[6] These films form what the collective has termed "emergency cinema" and chronicle life in Syria through the eyes of ordinary citizens: a woman in a convertible on the streets of Damascus waving the Syrian flag to declare her support of the regime ("Woman with Flag", 2021), a humanitarian aid worker reporting stories of fraud ("The Witness – Humanitarian Aid", 2017), a military defector who confronts the question about "how he arrived here" with the simple answer "by car" ("Here and Elsewhere", 2016), a retired state employee who laments about the pension that the state owns him ("The Old Man & The Sardines", 2017), a suspended teacher who is defying the Islamic State by wearing pants ("The Woman in Pants", 2013)—the protagonists of Abounaddara's videoclips not only produce a multi-layered, ambiguous and non-violent image of Syrian society, they also invite what scholars have deemed as a different, and "slow" form of witnessing (Wedeen 2019, 105), one that is centered upon personal narratives and the sociality of the individual.[7]

Amar Chebib's film, too, can be counted as an example of a post-2011 Syrian documentary cinema. It, too, attempts to inscribe a sense of the personal into Syria's contemporary history of war and displacement. However, it does so through a focus on music.

Syrian activists' claims to political self-determination, created an environment in which it was no longer an image's *meaning* but its *circulation* that made it valuable. This, she writes, disrupted a collective national movement into a "plethora of individual and fragmented forms and formats, mere occurrences of divided and hyper-mediated selves that do not have enough strength to embrace any consistent, political, social, collective shape, nor to propose any solution to the conflict" (Della Ratta 2018, 9).

4   http://www.creativememory.org/
5   https://www.thealeppoproject.com/
6   Most of these films are accessible via the collective's vimeo page: https://vimeo.com/user6924378
7   For more on the works on Abounaddara, see Bayoumi 2015, Elias 2017, Jurich 2019, Lenssen 2020, Mejcher-Atassi 2014, Wedeen 2019, 97-105.

Portrayed through Music: *Dhikr* as a Cinematographic Language

Through personal interviews and scenes shot prior to 2011, the film introduces its viewers to many of Syria's traditional repertoires. These range from classical art-music genres such as the *muwashshahat* (precomposed poetic vocal forms sung in classical Arabic and associated with the musical heritage of Aleppo) to religious hymns (*anashid*)—Chebib uses recordings of songs performed by the *Nawa Ensemble* that Ibrahim Muslimani founded with the aim of archiving Aleppo's musical-religious heritage for future generations.[8] The film also features scenes of some of the sites that are associated with Syria's musical heritage. One of them is the Aleppian Umayyad Mosque, whose former muezzins include the celebrated Syrian musicians Bakri al-Kourdi (1909–1978) and Sabri Moudallal (1918–2006), and the al-Adiliyyah Mosque, which, built in the 16th century, is located in Aleppo's historic al-Jaloum quarter, a district that has traditionally been home to many Sufi orders (*tariqah* pl. *turuq*) and some of Aleppo's most distinguished musicians and was heavily damaged during the battle of Aleppo.[9]

In the final conception of the film, this documentation of Syria's Sufi musical traditions forms its own layer. As such, it is integrated into a complex web of temporal and local transitions and overlapping semantic networks that determine not only the content but also the form of the film. The film's reconception—from being a documentation of a musical tradition threatened by oblivion to turning into the portrait of a group of displaced musicians whose lives are exposed to existential threats—also fundamentally changes its modes of representation: The documentation of musical practices shifts into a multi-stage process of finding a language to speak about war, loss, suffering, and the possibilities of finding meaning through memory, music, social and spiritual experience.

With the change of mode from testimonial to individual resp. group profile,[10] and the shift of the central subject no longer being the musical practice but the *displacement* of the characters, their role also changes. While in the footage shot before 2011 they appear more as informants, often in medium-close-up images, in the shots from 2014/15 they speak more about their own experiences. The film develops them into characters with whom the viewer can and should empathize. In that layer, the camera often goes into extreme close-ups of the faces, showing pain and tears, or at times deeply paradoxical facial expressions.

Chebib counters the danger that the two time-layers could drift apart by interweaving both their contents and representational modes and by applying a strict formal discipline. Beginning at minute 13:41, a sequence of five chapters divides the film into a rhythm of approximately fifteen-minute stations (except for the concluding chapter, which is devoted to Imbrahim's sung recollection of Aleppo and lasts only 4 minutes). This structure is de-

8   The *Nawa Ensemble* was recorded in Aleppo in 2010 by Jason Hamacher, who released an LP in 2014, see Nawa Ensemble 2014. The recording is available on Soundcloud, too: https://soundcloud.com/dimsum66/sets/nawa-ancient-sufi-invocations. In 2019, Muslimani established a music school in Gaziantep, Turkey, to pass on Syrian musical heritage and thereby help young Syrian migrants in Turkey overcome war trauma through cultural empowerment, the raising of their awareness of social diversity, and the encouragement of inter-cultural dialogue. Cf. Moufarrej 2022.

9   For studies on the musical heritage of Syria, see Dalal 2006, Iino 2001, Poché 2001 and Shannon 2003, 2006, 2018, among others. For the role music has played within Syria's recent history of displacement, see Habash 2021, Hajj 2016, Jarjour 2018, Shannon 2019 and Wenz forthcoming.

10   For the differentiation of documentary models and modes cf. Nichols 2017, 106-107.

rived from the form of the already mentioned *dhikr*, a ceremonial invocation, which Ibrahim explains in the middle of the first chapter (26:10–26:46). In the *dhikr* he recorded with the *Nawa Ensemble*, five of the so-called Most Beautiful Names of God (*asma' allah al-husna*), chanted as rhythmic patterns 50 times each by the group, structure the group's religious experience. In the film, they serve as chapter headings: "divine presence (*hu*)", "the ever-living (*al-hayy*)", "the ever-abiding (*al-qahar*)", "the ever-prevailing (*al-qayyum*)", and, finally, "the truth (*al-haqq*)". Musically, the chapter caesuras are accentuated by the corresponding parts from the LP of the *Nawa Emsemble*. Before this sequence of chapters, a nearly 14-minute-long exposition introduces the three main characters. Their individuality is clearly accentuated through cinematic means (cf. Graph 1). At the same time this exposition shows the changing agency of the filmmaker within the changing conceptual framework of the film.

As if to illustrate this transition, the exposition (3:00) starts with 18-year-old Ibrahim singing a song, accompanying himself on a wooden frame drum, the daf. While the music continues in the background, he explains how he came to music in his childhood, especially to Sufi music. In what follows, the *Nawa Ensemble* is shown performing the "Remembrance of God" ceremony (4:10, the music is anticipated via a sound bridge from 4:02 on). After Ibrahim explains his intention to preserve Aleppo's musical traditions (4:29), we see a *muwashshah* executed by a group of six musicians, with the camera slowly panning from the right to Ibrahim, who is seated on the left, once again playing the daf. Up to this point, the portrait of the musician Ibrahim is rounded in content and form. Then (5:56), the sound of the recording turns from high quality to that of a notebook's speakers, while we learn from a white on black intertitle that Ibrahim fled to Gaziantep in 2013. Suddenly (6:03), we see Ibrahim, in an extreme close-up on his face, who is watching the 2010 recording of the *muwashshah* on the filmmaker's notebook, sitting in his kitchen, dressed in a blue sports outfit. Among the first things one notices through the close-up is a remarkable aging process, despite only five elapsed years, that is reflected in Ibrahim's face. In the following, the question of aging will implicitly be brought up again and again by the faces on the screen. The three-minute sequence that accompanies Ibrahim's role as a preserver of the Sufi tradition with two musical genres (*anashid* and *muwashshahat*) is balanced by two and a half minutes in which he articulates his longing for the times of living and practicing music in Aleppo. In contrast to the former testimonial part, in the biographical section the editing technique steps down to a lower level. The Ibrahim sequence with its broad cuttings keeps the two parts in balance, the old and the actual time. Despite this break his character remains that of a preserver—a role he maintains until the end of the film.

In contrast, Abdulwahed's character is marked by inner turmoil, which is also reflected in the camera work and the cutting rhythm. He is introduced playing the oud, the camera focusing on his hands (8:33). When he starts to talk about his family being Palestinian refugees from Haifa and himself having grown up in the Palestinian refugee camp of Yarmouk in Damascus, the camera pans to his face, which is only gradually brought into focus; direct eye contact is not made. After less than a minute, the intertitle informs us that Abdulwahed fled to Istanbul in 2014. In the shot from 2015, he reports that most of his friends died as "martyrs" in the civil war. It is important for the dramaturgy of Abdulwahed's character that he does not yet feel able to speak about war. One understands that this is the beginning of a process that the film not only documents, but actively manages. Visually, the faltering of

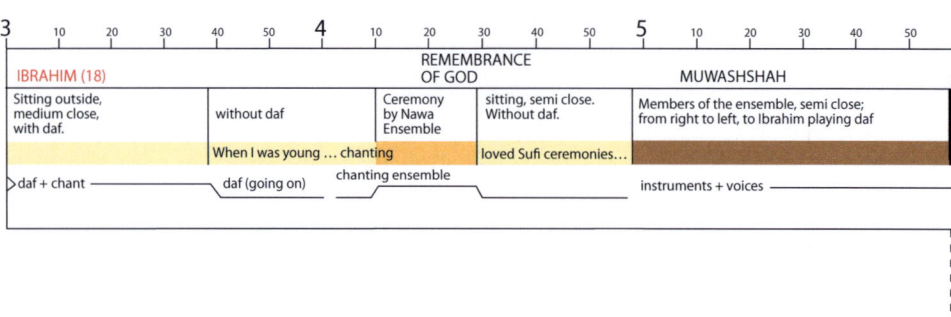

Graph 1: The upper line of the timeline notes contains the titles on the screen, the middle field is reserved for commentaries on the visual content and camera settings, the colored stripes on the bottom try to capture a dominating color of the sequence; one can read on them excerpts of spoken word in the film; the lowest line sketches the type and behaviour of music or sound. The three parts, introducing Ibrahim, Abdulwahed and Mohamad share a similar before/after structure, but are individually organized by the cutting rhythm according to their individual character. To make the proportions clearer, the timelines in the graph are axially centered upon the separating white on black intertitles.

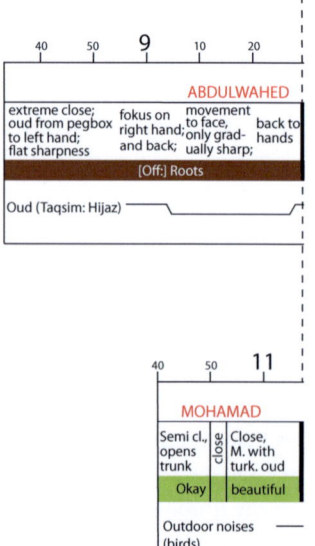

Abdulwahed's speech is accompanied by video snippets of images from the demonstrations at the beginning of the Syrian uprising, which are cut in quick succession. During these moments, the volume of the oud *taqsim*[11] playing in the background is raised, giving them menacing presence despite their brevity.

Mohamad's portrait begins by showing him opening a car trunk in a parking lot (medium closeup, in profile), unpacking and praising a Turkish oud that Amar Chebib brought for him (10:41). After this succinct introduction of only 27 seconds, the intertitle presents the information that Mohamad first fled with his family to Lebanon and then traveled on alone as an asylum seeker to the Netherlands, hoping that his family would later be able to join him. Mohamad's story is that of a painful separation at a great distance. That he is introduced in the parking lot foreshadows the many outdoor shots in which he is shown. This has its obvious reason in the lack of intimacy of the common room in the refugee center (in Budel, Netherlands). We see him sitting on his bed as he plays the oud, but the instrument's sound evokes too many painful memories. While Abdulwahed cannot talk about what he

---

11   A rhythmically free piece that presents a specific mode (*maqam*) and usually precedes the performance of a musical composition.

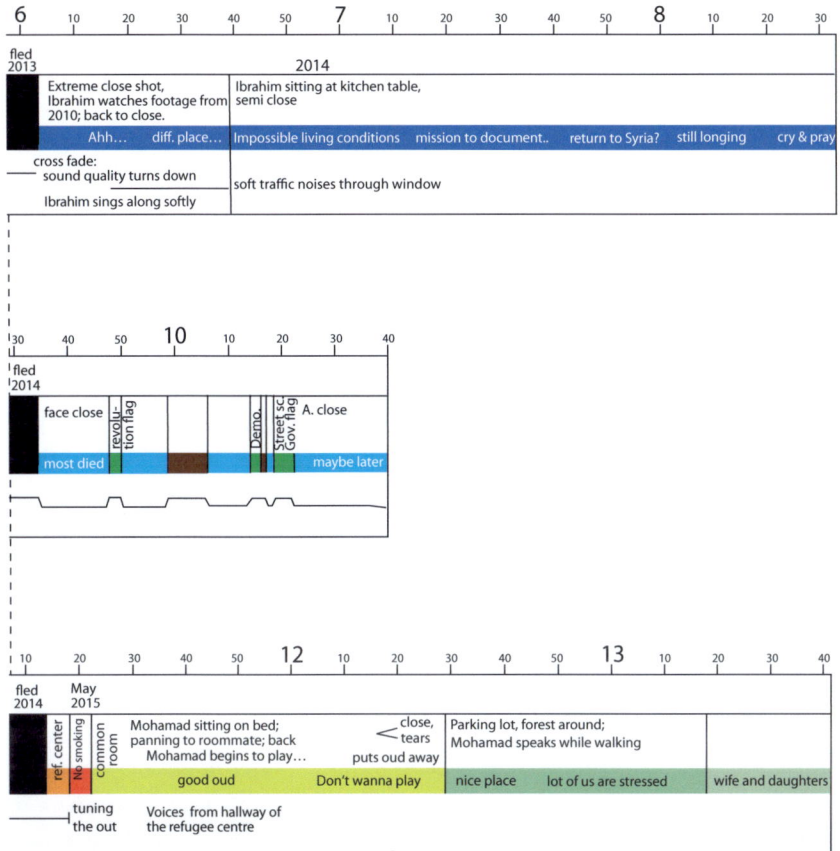

has experienced, Mohamad is no longer able to play his instrument. The movement out of the cramped room into the woods surrounding the refugee center structures the following descriptions of his situation. Throughout the entire film, Mohamad seems to drift restlessly further and further away from the center until he, towards the end of the film, comes to rest by a calm lake in the evening sun (1:15:57–1:19:39).

The woodcut before/after structure reappears only twice. The first sequence—apparently a recourse to the beginning—is that of Ibrahim in the chapter "The Divine Presence (*hu*)", where he (in the year 2010) explains the structure of the *dikhr* (25:39) and talks about the endangered Sufi traditions of his hometown. After the cut (27:10), now marking the year 2015, he laments about these traditions' having totally disappeared as a result of the war: "I'm telling you, now people couldn't care less about music!" (27:18). Then he shares his worst personal loss and pain (27:42), and relates how he learned through an internet video that his nine-year-old brother had been killed by shrapnel. As he struggles to find the right words, he closes his eyes and, for a few seconds, the scene is interrupted by footage that shows a helicopter hovering in the air to drop a barrel bomb. Like a flashback memory, this interruption not only functions as a commentary on trauma, it also signifies the brutal shift that this sequence narrates, from the loss of cultural and spiritual identity to the loss of loved ones. At the end of the sequence, Ibrahim explains why he always smiles, which in some situations indicates an incongruence effect in emotional processing (paramimia): "This is called *real pain* when even crying has left you" (29:50). This shockingly conscious realization of one's emotional dysfunction as a survival strategy is one of the variations on the entanglement of pleasure and pain that falls within the semantic domain of *wajd* (as discussed in more detail below).

The second dramatic orchestration of the time divide finds its place in the middle of the five chapters, at the end of "The Ever-Living (*al-hayy*)". The first scene shows the Sufi-Master Sheikh Seif, another important protagonist of the film. Sitting on the floor of Ibrahim's appartment in Gaziantep, he, dressed all in white, lights himself a cigarette and starts to describe the unbearable circumstances that forced him to flee from Aleppo in 2014 ("I spent three years under bombs. Three years under bombing day and night. The Syrian regime was bombing from one side and the opposition from the other. My home was in the middle..." 45:10–45:28). Then, a sequence of softly and brightly blended views of Aleppo before the civil war—from panorama views to pictures of the citadel and the great mosque—is shown to music played on a qanun (a trapezoidal lap zither) (47:08–48:42). The chapter "The Ever-Abiding [*al-qahar*]" sets in with a black screen to the sounds of the *Nawa Ensemble* chanting the respective part of the *dikhr*. In the following clear-cut and cold-colored footage of destroyed Aleppo, the previously seen image order is reverted. The camera starts at the side of a street, then rises above the rooftops and finally elevates over the demolished Noor Shuhada Mosque to a panoramic city view. The images of destruction not only stand in absolute contrast to the intact cityscape; they also seem to provide a counterpoint to the chapter's title, evoking the question of what could 'abide' here. That the singers of the *Nawa Ensemble*—in a chronological bracket—are shown at the end of this sequence (49:32), their invocation having accompanied the sequence of images, may imply an answer: namely that the spiritual world is greater than the external one, the latter of which can be annihilated at any time, a thought that Mohamad reflects upon towards the end of the film ("The Sufi music tells you: Look, we are only visitors on this earth, we are not here to last", 1:19:29).

Narrating Displacement and Bakhtin's Chronotopos

The two contrasting views of Aleppo, with the music bracketing the time span between the two sequences, can be seen as a prime example for the construction of a chronotopos in the sense of Mikhail Bakhtin (2021). The term was coined—in a metaphorical transfer from general relativity in physics to literary studies—by Bakhtin in the 1930s as a narrative-theoretical category primarily intended to establish space as an analytical category for narrative structures. As a term for the interweaving of time and space within the framing question of form and content in the novel, Bakhtin considered a chronotopos to be the "organizing center of the basic subject events" (Bakhtin 2021, 187). In a creative function, it represents, as it were, the "flesh on the skeleton of the plot structure" (Frank/Mahlke 2021, 206). It allows the events of the subject to become images. A theory of narration is indifferent to the question of whether the events narrated are fictional or real; it is primarily interested in how—and for what purposes—they are narrated. Not only in this respect, it lends itself to film, whether documentary or not. Although the representation of human subjects is at the center of Bakhtin's theory, a (specific) place can take the place of a subject, stations of its change form the plot.[12] "Wajd" knows both sides, but its topical structure expands due to the narrated displacement.

This fact notwithstanding, the three portraits in the course of time nonetheless follow a plot structure: In distinct stations, the role of Sufi thinking and music as a possibility of overcoming the trauma suffered by the film's protagonists is narrated in a differentiated way. Not only the central temporal hiatus plays a decisive role, but also the biographical development of the characters after 2013, as well as their memories, in which different times and places merge to construct spaces of remembrance and longing. While Bakhtin developed chronotopic analysis as a tool to categorize era-specific time-space conceptions in narratives, it could also be used in a generalized way to describe hybrid intersections of culturally different space and time paradigms in global filmmaking since the 1990s,[13] or, in a more specific way, to unveil different chronotopic strategies in individual films.

Of the cities that play a leading role in "Wajd", only a few are introduced in a traditional manner with establishing shots, their name and sometimes the year of the shots (a basic demand for the reception of a chronotopical information). "Damascus, Syria | 2010" dives down into the cadrage at the beginning (from 2:00 on) in the perspective of the camera's focus rising from a gray-sepia colored underpass street. Istanbul is shown in a foggy distant panorama above the water surface of the Bosporus (14:35) or in several increasingly closer views from the panorama with Galata Tower over the Bosporus Bridge to the Hagia Sophia (35:42–36:18). It is part of a basic strategy of the film that other places are introduced rather incidentally. Since their names remain unmentioned at first, a kind of a map assembles only gradually in the viewer's topographical imagination. Gaziantep, for example, is present as a shooting location long before the city receives a name on the screen (e.g. 49:39). And despite Mohamad's statement about the refugee center as being a "calm place" (12:34), the indoor scenes leave little doubt that it is a *non-place* in the sense of Marc Augé (1995). Consequently, Budel does not receive an establishing shot.

It may be that the technical term "establishing shot" is misleading in the face of a narration of displacement. As was shown in the case of the Aleppo images in the middle of the film, the aim of showing places (cities, streets, rooms etc.) is not so much to establish them as stable places, but rather to expose them as subjected to transition and, sadly, destruction. In the case of Damascus and Aleppo, it is more a matter of drawing memory images. This

---

12   A prominent example in the field of documentary is Rosemarie Blanks *Transit Levantkade* (1990), in which the multiple problematic social repurposing of a place in the port of Amsterdam is presented in a complex way. Cf. the lucid semiotic analysis of Müller 1995.

13   Sierek 2009, 138 sq. Bakhtin's reception in literary studies came late, after Julia Kristeva's translation within the framework of post-structuralism in the 1960s. Film studies pursued separate paths with the theorization of time and space. Before 1950, cinematic space was theorized either as total aesthetic space (Hugo Münster, Jean Epstein, Louis Deluc) or as a space of social responsibility (André Bazin, Walter Benjamin). In the central film theory after 1960, in Gilles Deleuze, space became subordinate to the analysis of the film image. Sierek (2009) sees in the concept of chronotopos, for instance, the possibility of grasping building blocks of cinematic representation as integral space-time components that could contribute to the clarification of cultural dislocations in the current migrations of ongoing images up to and including the discourses of global hybridization of textual and visual cultures. – As an example of the application of the term chronotopos to the intersection of architecture and film, cf. Kuch 2017.

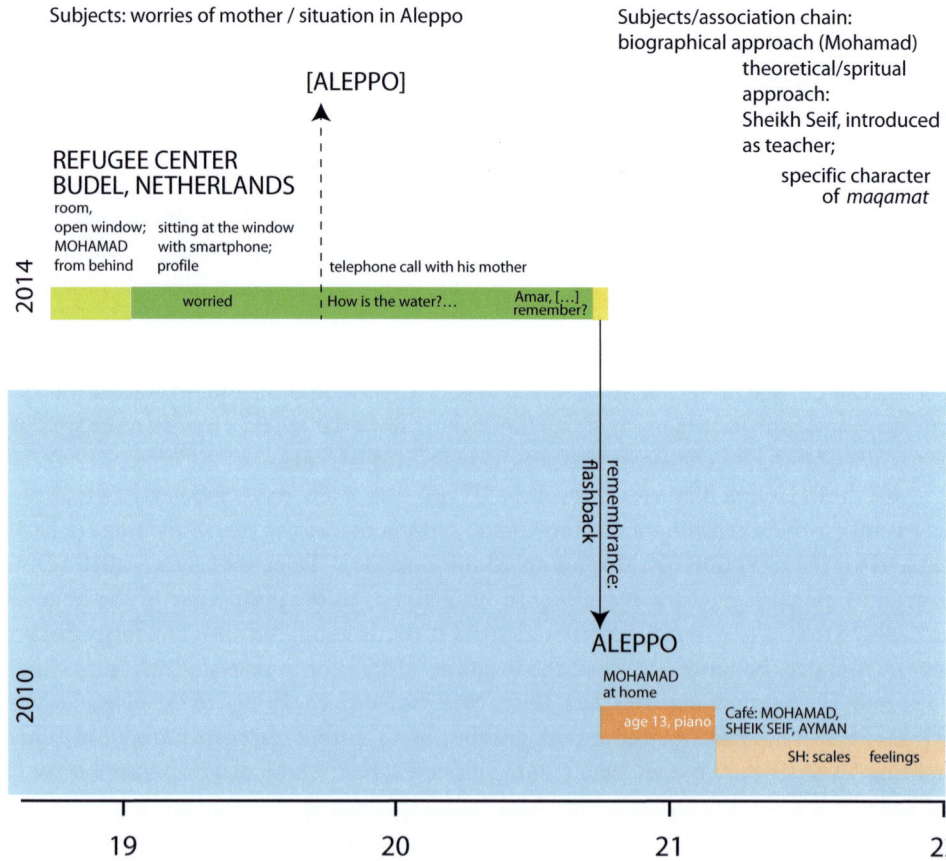

Graph 2: Progress display (18:50-25:00) divided into time/place layers with commentary on elements providing continuity through association

becomes especially clear towards the end of the film: first, in the episode that shows Ibrahim together with the oud-maker and -player Ayman Jesry, who also fled from Aleppo to Turkey, with both sitting and playing music in a café in Gaziantep—a scene that is superimposed by a fluid succession of brightly lit images of Damascus (1:19:39–1:20:57), and finally in the visual and acoustic superimposition of Aleppo panoramas with the city's soundscape, calls to prayer, and Ibrahim's voice singing his *hijaz* memory song while sitting on a park bench in Gaziantep (1:23:03–1:24:15).

Many sequences illustrate that the film as medium is able to do what the characters it depicts are denied, namely, to overcome temporal and spatial distances in an immediate manner. Continuity thereby is maintained by a network of semantic interrelations and associations on the one hand, and by music on the other. (For the following description cf. Graph 2). In the chapter "Divine Presence (*hu*)," Mohamad (2014) is on the phone in his room in Budel with his mother in Aleppo (19:39) and explains to her in the course of the conversation (20:25) that the director Amar Chebib, who was in Aleppo at the time (2010) to film the group, is currently with him. This serves as the occasion for a flashback to the shootings. Now, comments on Sufi music by Mohamad in his house alternate with scenes

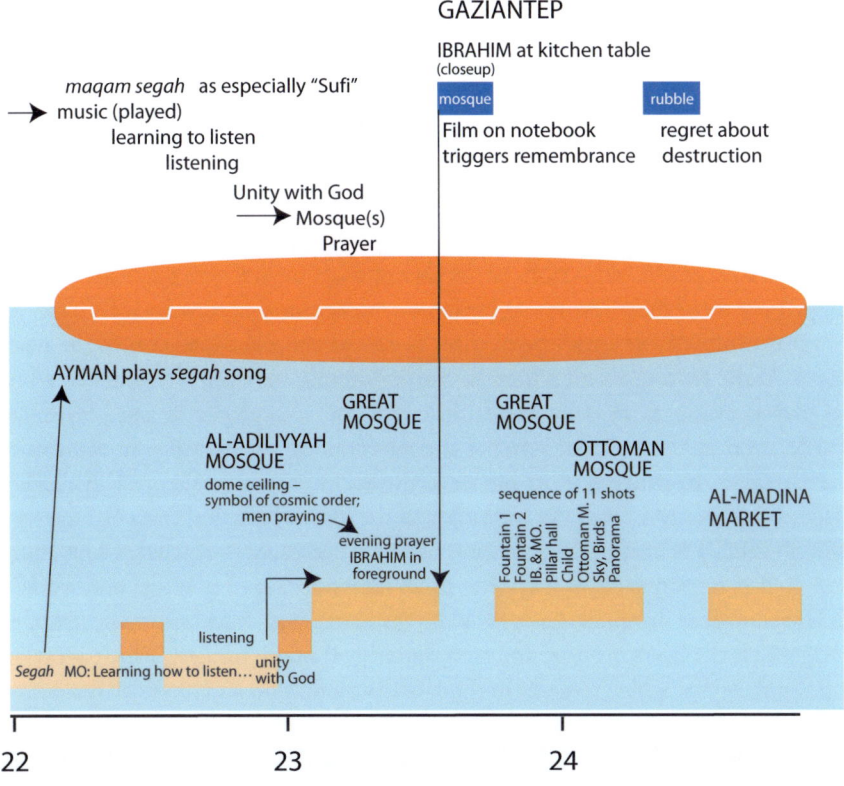

GAZIANTEP

IBRAHIM at kitchen table (closeup)

mosque

rubble

maqam segah as especially "Sufi"
→ music (played)
learning to listen
listening

Film on notebook
triggers remembrance

regret about
destruction

Unity with God
→ Mosque(s)
Prayer

AYMAN plays *segah* song

GREAT
MOSQUE

GREAT
MOSQUE

AL-ADILIYYAH
MOSQUE

OTTOMAN
MOSQUE

dome ceiling –
symbol of cosmic order;
men praying

sequence of 11 shots

AL-MADINA
MARKET

Fountain 1
Fountain 2
IB. & MO.
Pillar hall
Child
Ottoman M.
Sky, Birds
Panorama

evening prayer
IBRAHIM in
foreground

listening

Segah   MO: Learning how to listen... unity with God

22   23   24

that show Sheikh Seif in a café together with Mohamad and Ayman. Sheihk Seif talks about the direction of movement in *maqamat*, attributing to *maqam segah* in particular a mixture of different characters—of "elevated and spiritual elements" with "a more cheerful" character. This *maqam*, which in the words of Sheikh Seif is especially "Sufi", is brought to the ears by a song played by Ayman on the oud. While the music is playing on, Mohamad (at home) talks about "learning how to listen", then the members of the group are shown in camera panning from left to right listening to Ayman's playing. Mohamad's closing commentary in the section, that "in the Sufi way [...] music gives you [...] a sensation of unity with god" leads to pictures of the dome ceiling of Aleppo's al-Adiliyyah mosque. The camera pans down to men at prayer. After a cut, a group of men is shown during the evening prayer in the inner court of the Great Mosque of Aleppo, with Ibrahim in the foreground. After a further cut, we see Ibrahim in his kitchen in Gaziantep watching this footage with an expression of joy in his face. It is not necessary here to describe the sequence to its end. More importantly, it should be noted that it ends when Ayman finishes playing the song on his oud. The fully played song in the length of 2:40 minutes, first introduced as a diegetic element, then changing into the function of a non-diegetic background, guarantees the coherence of the permanent chronotopic change of the images. As such, it forms a wide bridge that leads the section about Mohamad to the one about Ibrahim.

The chronotopic construction of "Wajd", however, is not exhausted by the interweaving of the two layers of time. These two presences of the plot are complemented by two extreme positions that form an axis and a frame: an axis of momentarily compressed presence of violence and a frame of absolute, divine presence. On the one hand, the short news-like war shots mark an absence: "Wajd" is not a film about war, but one about its consequences. Therefore, it can only be shown in the manner of short traumatic flashbacks. On the other hand, there is the moment of a place- and timelessness represented by nature sequences whose visual spectrum ranges from the concreteness of plants, water, and the sky with birds or the sun, to the abstractness of a play with light and a dissolution of the picture into blurring and hexagonal aperture patterns. Because these moments are mostly placed at the beginnings of chapters, the respective places and actions of the protagonists seem to emerge from them, as if the contingent events of time were emerging from a background of eternity (cf. Graph 3).

Within this fundamental structure of three orders of time, the question of the place of music arises. Music here takes on a kind of mediating role between the times in all its variants—as played music, as an instrument (on which music is played or not played), as recorded music, even in the material form of the medium, as, for example, in the record of the *Nawa Ensemble,* to which a short but nevertheless important sequence is dedicated (1:06:27–1:06:47). Moreover, from the beginning of the film, where the "voice" of the reed flute nay (00:09–00:27) is heard to a quotation from the "Masnawi" of Jallal al-Din Rumi on black screen, it is recognizable as a symbol of an interweaving of spiritual and worldly existence. It is in moments in which music provides the continuous backline to sequences of changing images that the film's message and representational mode conflate. Music is rendered as a continuum: as that which remains in times of disorientation and physical uprooting, as a way to "hold on" and preserve a sense of place and belonging. Within this context, one concept, already introduced in the title of the film, plays a defining role: The concept of *wajd.*

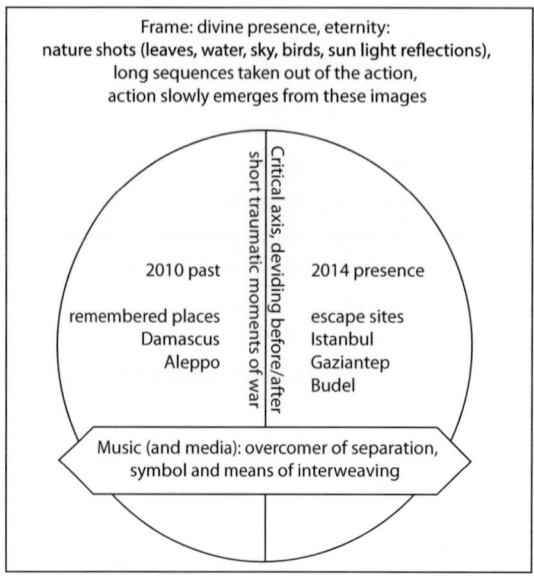

Graph 3: Abstract chronotopical structure of "Wajd"

Wajd: A Way to Talk about Loss

Literally "finding" and often simply translated as "ecstasy", *wajd* refers to a mystical state of rapture that people are said to attain when they "find (*wajada*)" God. Writings of and about practitioners of Sufism have circumscribed this state as a sensation of the heart and as a feeling of intense longing and yearning, of either sorrow or joy (or both). The Islamic philosopher al-Ghazali (1058–1111), in a chapter of his famous "Ihya ʿUlum al-Din (The Revival of Religious Knowledge)" entitled "Kitab Adab al-Samaʿ wa al-Wajd (The Book of the Manners of Listening and Rupture)", describes *wajd* as a form of mystical insight and the arousal of the heart towards the Truth. He also reports the 9th century Sufi saint Abu al-Husayn al-Nuri as having died from being overwhelmed from experiencing *wajd* (Avery 2011, 16; 43). That the state of *wajd* at times implicates overpowering physical effects is also reported by the anthropologist Jonathan Shannon: "Behaviour associated with this state", he writes in his ethnography on music making in Syria, "varies from quiet, still, and trance-like paralysis to violent spasmodic movements of the limbs, shouting, and occasionally such extreme acts as slashing the head, chewing glass, and inserting swords or skewers in various parts of the body" (Shannon 2006, 115). The ethnomusicologist Ali Jihad Racy highlights another dimension of this concept. "Sometimes", he quotes the British-Iranian Sufi master Javad Nurbakhsh, "it seems to come from the pain of separation, at other times from a burning love and ardor for God, but usually it is experienced with the pain of separation" (Nurbakhsh 1978, 50, quoted in Racy 2003, 180).

That *wajd* is associated with a pain of separation is already pointed to at the beginning of Chebib's film, which opens with a poem by the already mentioned 13th century Persian mystic Jalal al-Din Rumi about the nay, a flute that, in Sufi belief, embodies and sounds out the separation of humankind from its divine origin: "Listen to the reed flute and the tale it tells, how it sings of separation: Ever since I was cut from the reed bed, my wail has caused men and women to weep". While poetic references such as these are aimed at conveying *wajd's* metaphysical dimensions, one of the film's main achievements is that it also places the concept into the contemporary history of displacement that its protagonists find themselves in. As the director Amar Chebib himself explained during an interview given in the context of the 2020 Global Muslim Film Festival, he first approached the concept of *wajd* as a state of spiritual ecstasy that is believed to be reached via music, poetry, and the recitation of the Quran (see Frishkopf 2001, Racy 2003 and Shannon 2006). As he followed his protagonists, however, the meaning of the term changed:

> "As the film progressed and the musicians became separated from Syria and had to flee, there was just that immense yearning to go back. It [the term *wajd*] took on a different key, it took on a different dimension in that they longed to return back to Syria... Similarly, you are reading Sufi poetry there is always a bit of this ambiguity between the temporal, mundane world and the divine, spiritual dimension. So it's like they are longing to return to their source, their homeland, both literally their country but also their own spiritual source."[14]

---

14   The Global Muslim Film Festival: https://www.youtube.com/watch?v=3z8XNRnLIjY, 11:40–12:30.

One scene (53:30–57:43) in the film is particularly telling of this ambiguous kind of longing. In it, Abdulwahed and Ibrahim have gathered around Sheikh Seif. Amongst them also sits Ayman. Admiring the beauty of the oud that Abdulwahed has brought with him, he holds the instrument before his mouth to listen to the echo of his voice resonating in the instrument's body. "Why don't you play music anymore", one asks. "There is no reason to play", he explains, "there is no...", but he does not continue to say.

Now everyone turns to Sheikh Seif: What did he think? Should Ayman not share his gift and continue to make music? "If there is no motivation from the soul", the Sheikh replies, there is not much that can be done. He and his friends, Ayman now begins to relate, used to play music in the coffeehouses of Aleppo, simply to enjoy themselves, sit together and be comfortable. "We had no worries," he says. "What happened to the *wajd*?" they insist. Today, Sheikh Seif tells them, the *wajd* has moved from the soul to the material things. And, after comparing their longing to return to their homes with that of a hungry person dreaming of food, he pulls out a piece of paper and reads to them a poem he wrote about the beauty and unity of the universe. He then goes on to explicate for them the meaning they may find in music:

> "When a human being is spiritually elevated [*raqi ruhiyyan*], they see a flower, a tree, a beautiful sight, and there is a spiritual connection [*takhatur ruhi*] between them and the flower, tree or bird. [...] However, someone that is just in their mind [*bil-'aql*], they just hear the sound of a bird and that's it. One person sees a beautiful apple and wants to eat it. Another just looks at it and admires its beauty. One is coming from the materialistic [*maddi/jasadi*] perspective of the body, and the other is coming from the spirit, and beauty [*ruhi/jamali*]. [...] Whoever wants to understand this music also needs to be..."

At this point, Sheikh Seif stops and, switching into the register of high standard Arabic, quotes two famous lines of poetry:

> "No one comprehends longing except one who is afflicted with it [*la yudriku shawqa illa man yukabi-duhu*], nor passion except one who suffers it [*wa la sababata illa man yu'aniha*]. [...] I used to hear of love and deny it. I'd see the lover, what he says, and wonder, until I was inflicted with its sweetness and bitterness. He that condemns love, let him try it first [*Qadd kuntu asm'a fil hawa fa-ukadhdhibu wa ara al-muhibba wa ma yaqulu fa-'ajabu hatta balayt bihulwihi wa bimurrihi man kana yanham al-hawa fa-yujarribu*]."

Everyone present, including Mohamad, who watches the scene on a laptop at the refugee center in the Netherlands, is visibly moved. Some of them have tears in their eyes, while Ayman eventually picks up the oud to play, as he did in Aleppo. Shortly after, they will all say their farewell to one of their friends who, in that same night, plans to take a boat to Greece.

Loss and separation are omnipresent in this scene, painful, but at times also relieving. As is suggested by Ayman's look behind the strings of the oud and the mystically themed poetry of Sheikh Seif, the idea of *wajd* is rendered here as a way forward, to a place no longer made up of material structures left behind, but residing, instead, in people's hearts and minds. It offers, in the words of Ibrahim, "a balm for a wound". This language, of course, does not speak to everyone. Many of those present during our screeening in Würzburg watch the film from the perspective of an outsider, as someone whose knowledge of the loss that the film depicts has always been "immaterial", mediated through news content, images, stories, and music. For others, the flashback-like scenes of war, the memory of left-behind places, and the fate of the protagonists are too painful to watch, as two Syrian girls who leave in the middle of the screening will later explain.

"No one comprehends longing except one who is afflicted with it (*la yudriku shaw-qa illa man yukabiduhu*), nor passion except one who suffers it (*wa la sababata illa man yuʿaniha*)." The verses that Sheikh Seif quotes point to what is perhaps the film's most significant achievement: It establishes a connection between its viewers and the subjects it represents while managing to bypass the sentimental illusion of a shared experience. It narrates personal loss to a universal spectator without allowing him or her to recognize themselves in it. It portrays music as powerful register of the humanity of its protagonists, without replicating the romantic notion of music's being a universal language; it suggests a withdrawal from the material world as a form of repair without mystifying or masking the realities of state violence and war. It remains a precariously intimate and subtle homage to music and musicians surviving war.

References

Adami, E. 2016. How Do You Watch a Revolution? Notes from the 21st Century. *Journal of Visual Culture* 15(1), 69-84. https://doi.org/10.1177/1470412915619456

Augé, M. 1995. *Non-places: introduction to an anthropology of supermodernity.* London: Verso.

Avery, K. S. 2011. *A Psychology of Early Sufi Samāʿ. Listening and Altered States.* London: Routledge/Taylor & Francis Group.

Bakhtin, M. M. 2021. *Chronotopos.* Aus dem Russischen von M. Dewey. 5th ed. Berlin: Suhrkamp.

Bayoumi, M. 2015. The Civil War in Syria Is Invisible—but This Anonymous Film Collective Is Changing That. https://www.thenation.com/article/archive/the-civil-war-in-syria-is-invisible-but-this-anonymous-film-collective-is-changing-that/

Dalal, M. Q. 2006. *al-qudud al-diniyyah: bahth tarikhi wa-musiqi fi al-qudud al-halabiya* [The religious qudud: a historical and musical study of the Aleppian qudud]. Damascus: Wizarat al-Thaqafah fi al-jumhuriyyah al-ʿArabiyyah al-Suriyyah.

Della Ratta, D. 2018. *Shooting a Revolution: Visual Media and Warfare in Syria.* London: Pluto Press.

Elias, C. 2017. Emergency Cinema and the Dignified Image: Cell Phone Activism and Filmmaking in Syria. *Film Quarterly* 71(1),18-31.

Frank, M. C., Mahlke, K. 2021. Nachwort. In: Bakhtin 2021, 201-242.

Frishkopf, M. 2001. Tarab in the Mystic Sufi Chant of Egypt. In: Zuhur, S. (ed). *Colors of Enchantment: Theater, Dance, Music, and the Visual Arts of the Middle East.* Cairo: American University in Cairo Press, 239-276.

Habash, D. 2021. 'Do Like You Did in Aleppo': Negotiating Space and Place Among Syrian Musicians in Istanbul. *Journal of Refugee Studies* 34(2), 1370–1386. https://doi.org/10.1093/jrs/feab013

Hajj, H. 2016. The Syrian Musicians in Istanbul: The Relationship between Repertoire and Stage. *Alternatif Politika* 8, 474–484.

Halasa, M., Omareen, Z., Mahfoud, N. (eds.) 2014. *Syria Speaks: Art and Culture from the Frontline.* London: Saqi Books.

Hattendorf, M. (ed) 1995. *Perspektiven des Dokumentarfilms* (diskurs film, vol. 7). Munich: Schaudig & Ledig.

Iino, L. 2009. Inheriting the Ghammāz-oriented Tradition: D'Erlanger and Aleppine Maqām Practice Observed. *Ethnomusicology Forum* 18(2), 261-280.

Jarjour, T. 2018. *Sense and Sadness: Syriac Chant in Aleppo.* New York: Oxford University Press.

Jurich, J. S. G. 2019. Abounaddara and the global visual politics of the 'right to the image'. *Journal of Visual Culture* 18(3), 378-411.

Kuch, U. 2017. Zwischenraum, Leib, Chronotopos. Das Erscheinen von Zeit auf der Treppe des Films. In: Binotto, J. (ed.). *Film | Architektur. Perspektiven des Kinos auf den Raum.* Berlin: de Gruyter, 44-56.

Lenssen, A. 2020. The Filmmaker as Artisan. An Interview with the Members of Abounaddara. *Third Text* 34(1), 159-171.

Mejcher-Atassi, S. 2014. Abounaddara's Take on Images in the Syrian Revolution: A Conversation between Charif Kiwan and Akram Zaatari (Part One). https://www.jadaliyya.com/Details/30924/ABOUNADDARA%E2%80%99s-Take-on-Images-in-the-Syrian-Revolution-A-Conversation-between-Charif-Kiwan-and-Akram-Zaatari-Part-One

Meis, M. 2017. When is a Conflict a Crisis? On the Aesthetics of the Syrian Civil War in a Social Media Context. *Media, War & Conflict* 10(1), 69-86.

Moufarrej, G. 2022. Protection and Sustainability of Traditional Music among War-Displaced Syrian Youth: The Case of Nefes Music School in Gaziantep, Turkey. *International Journal of Traditional Arts* 2022(4), 1-19.

Müller, J. E. 1995. Dokumentation und Imagination: Zur Ästhetik des Übergangs im Dokumentarfilm *Transit Levantkade* (1990). In: Hattendorf (ed), 127-148.

Nawa Ensemble 2014. *NAWA. Ancient Sufi Invocations & Forgotten Songs from Aleppo.* Lost Origin Sound Series: Sacred Voices of Syria Vol. 1, Brooklyn NY/Washington DC: Electric Cowbell Records (ECR-711).

Nichols, B. 1995. Performativer Dokumentarfilm. In: Hattendorf 1995, 149-166.

— 2017. *Introduction to Documentary.* Third edition. Bloomington: Indiana University Press.

Nurbakhsh, J. 1978. *In the Tavern of Ruin: Seven Essays on Sufism.* New York: Khaniqahi-Nimatullahi Pub-lications.

Pearlman, W. 2017. *We Crossed a Bridge and it Trembled: Voices from Syria.* New York: Custom House.

Pinto, P.G. 2006. Sufism, Moral Performance and the Public Sphere in Syria. *Revue des Mondes Musulmans et de la Méditerranée* 115/116, 155-171.

— 2016. Mystical Bodies/Unruly Bodies: Experience, Empowerment and Subjectification in Syrian Sufism. *Social Compass*, 63(2), 197-212.

Poché, C. 2001. Musical Life in Aleppo. In Danielson, V., Marcus, S. & Reynolds, D. (eds), *The Middle East.* Garland Encyclopedia of World Music, Vol. VI. London: Routledge, 594-600.

Racy, A. J. 2003. *Making Music in the Arab World.* Cambridge: Cambridge University Press.

Rohde, M. et al. 2016. Out of Syria: Mobile Media in Use at the Time of Civil War. *International Journal of Human-Computer Interaction* 32(7), 515-531, https://doi.org/10.1080/10447318.2016.1177300

Shannon, J. H. 2003. al-Muwashshahât and al-Qudûd al-Halabiyya: Two Genres in the Aleppine Wasla. *Middle East Studies Association Bulletin* 37(1), 82-101.

— 2006. *Among the Jasmine Trees: Music and Modernity in Contemporary Syria.* Middletown: Wesleyan University Press.

— 2018. Nightingales and Sweet Basil – The Cultural Geography of Aleppine Song. In: Frishkopf, M. and Spinetti, F. (eds). *Music, Sound, and Architecture in Islam,* Austin: University of Texas Press, 146-165.

— 2019. From Silence into Song: Affective Horizons and Nostalgic Dwelling among Syrian Musicians in Istanbul. *Rast Musicology Journal* 7(2), 50-64.

— 2021. Suficized Musics of Syria at the Intersection of Heritage and the War on Terror; Or "A Rumi with a View". In: van Nieuwkerk, K. (ed). *Muslim Rap, Halal Soaps, and Revolutionary Theater: Artistic Developments in the Muslim World.* 2nd ed. Austin: University of Texas Press, 257-274.

Sierek, K. 2009. Filmwissenschaft. In: Günzel, S. (ed). *Raumwissenschaften.* Frankfurt am Main: Suhrkamp, 125-141.

Wedeen, L. 2019. *Authoritarian Apprehensions: Ideology, Judgment, and Mourning in Syria.* Chicago: University of Chicago Press.

Weismann, I. 2004. Sufi Brotherhoods in Syria and Israel: A Contemporary Overview. *History of Religions* 43(4), 303-318.

Wenz, C. forthcoming. *Music from Aleppo during the Syrian War: Displacement and Memory in Hello Psychaleppo's Electro-Tarab.* Cambridge: Cambridge University Press.

NAWA. Ancient Sufi Invocations & Forgotten Songs from Aleppo. Lost Origin Sound Series: Sacred Voices of Syria Vol. 1, Brooklyn NY/Washington DC: Cowbell Records, ECR-711, auf 400 Stück limitierte LP-Edition (Exemplar der Studiensammlung Musikinstrumente & Medien, Foto: Oliver Wiener). Die Aufnahmen wurden 2014 vom Label auf Soundcloud zur Verfügung gestellt: https://soundcloud.com/dimsum66/sets/nawa-ancient-sufi-invocations.

Von Würzburg nach Berlin Kreuzberg

Einblicke in die Herstellung einer Oud

Jonas Epperlein

Die Oud – eine kurze Einführung

Die Oud (عود) wird in die Gattung der Knickhalslauten eingeordnet.[1] Sie gilt morphologisch wie auch etymologisch (*al-'ud* ⇨ Laute) als die älteste bekannte Vorfahrin der europäischen Laute und bildet eines der zentralen Instrumente des arabischsprachigen Raums (Touma 1975, 150). Darüber hinaus spielt sie auch in der türkischen und griechischen Musik eine große Rolle (Poché 2001, 25; 2014, 128).

Hatte die Oud in der Vergangenheit nur vier Saiten – der Legende nach fügte der Dichter, Musiker, Komponist und Universalgelehrte Ziryab im 9. Jahrhundert eine fünfte hinzu (vgl. Touma 1975, 151),[2] so besitzt sie heutzutage meist 6 Saiten. Die oberen fünf sind doppelchörig, nur die tiefste Saite bleibt einzeln, wodurch ein einzigartiger Klang entsteht. Die Stimmung des Instruments unterscheidet sich je nach Region und Genre. Gezupft werden die Saiten mit einem Plektrum, dem sogenannten *Risha*, welches früher aus Horn (z.B. dem Kiel einer Adlerfeder) hergestellt wurde und heute meistens aus Kunststoff besteht (Touma 1975, 152).[3]

Traditionell wird die Oud für die Begleitung einer Singstimme eingesetzt, wobei sie sich im letzten und diesem Jahrhundert immer mehr zu einem Soloinstrument entwickelt hat. Zu den bedeutendsten Vertretern dieser Entwicklung im 20. Jahrhundert gehören der in Syrien geborene Sänger und Musiker Farid al-Atrash (1915–1974) und der irakische Oud-Spieler Munir Bashir (1930–1997). Vor allem durch Migrationsbewegungen aus arabischen Ländern wie etwa Syrien aber auch der Türkei hat das Instrument in den letzten Jahrzehnten immer mehr Eingang in die Musiklandschaft Deutschlands gefunden.

Durch Aktham Abou Fakher, der im Jahr 2015 aus seiner Heimatstadt as-Suwayda im Süden Syriens nach Deutschland emigrierte und als Lehrbeauftragter am Institut für Musikforschung Oud-Kurse gibt, erhielten wir im Rahmen des Projekts „Syrische Tonspuren in Würzburg" Einblicke in eine Klangwelt, die entsteht, wenn dieses Instrument auf das Klavierspiel des Jazzpianisten Felix Schneider-Restschikow trifft.[4] Seine erste Laute, so erklärt uns Aktham in einem Interview, hat er in Syrien gelassen.[5] Hergestellt wurde sie von der Instrumentenbauer-Familie Khalifa aus Jobar, einem Stadtteil von Damaskus, der im Krieg stark zerstört wurde. Viele der Ouds, mit denen er die Studierenden am Institut für Mu-

---

1   Die Knickhalslaute ist eine Unterform der Kurzhalslaute mit nach hinten abgewinkelten Wirbelkasten. Wenngleich für viele Kulturen klassifikatorisch signifikant, ist für die organologische Systematik nach Hornbostel/Sachs 1914, S. 579, die Länge des Halses unerheblich. Hier fällt die Oud aufgrund der Form ihres Resonators unter die Klasse der Schalen-Halslauten (systematische Notation 321.321).

2   Bei Ziryab handelt es sich um eine bis heute sagenumwobene Figur, dessen Wirkungsbereich sich von seinem Geburtsort Irak bis hin ins damals unter muslimischer Herrschaft stehenden Andalusien (al-Andalus) erstreckte (siehe Farmer/Neubauer 2012; Machin-Autenrieth 2021 und Reynolds 2021).

3   Mehr Hintergrundinformationen zur Geschichte und Bauweise der Oud finden sich bei Beyhom 2020, Bouterse 1979, Farmer 1939 und 1981 und Neubauer 1993.

4   Vgl. den Beitrag von Elena Ungeheuer in diesem Band.

5   Vgl. das Interview mit Aktham Abou Fakher in diesem Band.

sikforschung unterrichtet, kommen aus der Werkstatt des in Berlin lebenden Oud-Bauers Mohamed Khoudir. Dieser stammt zwar nicht aus Syrien, stattet mittlerweile aber viele Musiker:innen, darunter auch solche, die aus Syrien eingewandert sind, mit Instrumenten aus. Sein Beispiel zeigt, dass es möglich ist, erst in Deutschland den Beruf des Oud-Bauers zu erlernen.

Am 18. Juni 2022 gab uns Mohamed Khoudir im Rahmen eines Instrumentenbau-workshops praktische Einblicke in den Herstellungsprozess einer Oud. Der folgende Beitrag beruht auf meiner Teilnahme an diesem Workshop, einem Interview mit Mohamed Khoudir während meines Besuchs in seiner Werkstatt am 5. August sowie einem weiteren Online-Interview am 14. September 2022.

Mohamed Khoudir – Die Anfänge seiner Oudwerkstatt

Mohamed Khoudir lebt seit vielen Jahren in Berlin und betreibt in Kreuzberg eine der wenigen Oud-Werkstätten in Deutschland. Neben der Herstellung von Ouds repariert er dort auch andere Saiteninstrumente, die der Oud ähnlich sind, wie z.B. die Bağlama oder Mandolinen. Khoudir begann sein Handwerk erst nach seiner Ankunft aus Algerien in Deutschland im Jahr 1997 und erlernte es weitestgehend autodidaktisch. In die Grundlagen arabischer Musiktheorie und des Oudspiels wurde er von dem aus Homs stammenden Oud-Virtuosen Farhan Sabbagh (*1948) eingeführt, der ebenfalls in Berlin lebt. Zufällig ist sein Album „Oud à Berlin"[6] im Besitz des Würzburger Lehrstuhls für Ethnomusikologie und war während unserer Ausstellung im Schaufenster des PopUp Raums zu sehen.

Da Khoudir seine Arbeit noch nicht in seiner Heimat, sondern erst in Deutschland ausübte, ist ihm wichtig zu betonen, dass er kein „algerischer" oder gar „arabischer" Oud-Bauer sei. Die von ihm gebauten Instrumente einer Nation zuzuschreiben ist ihm, genauso wie jede andere Art von nationaler Identifikation, nicht wichtig. Ausschlaggebend für den Beginn seiner Arbeit war sein Wunsch, selbst Oud spielen zu lernen. Bald entstand die Idee, ein eigenes Instrument zu bauen. Während er sein erstes Instrument noch ohne das Ziel einer späteren Professionalisierung zum Instrumentenbauer schuf, entwickelte sich dieser Gedanke nach Fertigstellung des ersten Exemplars jedoch recht schnell. Bis Mohamed Khoudir seine erste Werkstatt eröffnete, benötigte es allerdings einige Jahre an Vorlauf. Denn neben rein handwerklichen Fähigkeiten musste er sich auch eine große Menge an theoretischem Wissen aneignen und sein Gehör schulen.

Das Erlernen von Instrumenten und musikalischem Wissen bleibt meist viele Jahre ohne eine entsprechende finanzielle „Gegenleistung". Dadurch sieht man sich, ähnlich wie bei jeder Form des Studiums, mit der Frage nach der Finanzierung des eigenen Lebens und der Zeit, die man für das Studium zur Verfügung stellen will, konfrontiert. Vor diesem Hintergrund dauerte der Weg in die Eigenständigkeit auch für Mohamed Khoudir einige Jahre. Wegen der sehr hohen Materialkosten in Deutschland arbeitet er neben seiner Werkstatt in Kreuzberg mit einer Partnerwerkstatt in Istanbul zusammen, in welcher nach seinen Modellen günstigere Ouds gebaut werden. Er selbst fertigt in seiner Werkstatt in Berlin wesentlich teurere und zeitaufwändigere Unikate an. Neben der Tatsache, dass Material- und

---

6   Sabbagh, F. 1985. *Oud à Berlin*. Production Club du Disque Arabe. Les Artistes Arabes Associés – 72 816, Paris.

Personalkosten in der Türkei weniger hoch ausfallen als in Deutschland, spielt bei der Wahl seines zweiten Standorts auch die kulturelle Bedeutung, die Oud-Spieler dem Herkunfts- und Kaufort ihres Instruments zuschreiben, eine große Rolle. Ähnliches beschreibt Martin Greve in Bezug auf türkische Musiker:innen in Europa. Laut ihm gilt die türkische Oud, die gewöhnlich über einen voluminöseren Klang verfügt, andere Ornamentierungen aufweist und deren Saiten meist in C-Stimmung aufgespannt werden, vielen nur dann als „authentisch", wenn sie auch in der Türkei hergestellt und gekauft wurde. Bereits ein Zwischenhändler in einem anderen europäischen Land würde diesen Wert „verderben" (Greve 2003, 49).

Der Mangel an Literatur

In Algerien, wie auch in vielen anderen nordafrikanischen und arabischen Ländern gibt es keine offizielle Ausbildung zum Beruf des Oud-Machers. Vermutlich gibt es auch deswegen kaum arabischsprachige Literatur zum Handwerk des Instrumentenbaus. Daher griff Khoudir auf Bücher zum Bau der europäischen Laute und der Gitarre zurück. Eine seiner Hauptquellen war das Praxishandbuch *Die Gitarre und ihr Bau* von Franz Jahnel (1996). Darüber hinaus stand er im Austausch mit anderen Gitarren- und Lautenbauern, einer Berufssparte, die es nach seinen Aussagen auch in Deutschland nur noch selten gibt. Schließlich habe er im Laufe der Jahre Exemplare einiger bekannter Oud-Bauer in der Hand gehabt und sich dadurch direkt mit deren Bauart auseinandersetzten können. Am Ende sei sein Ziel jedoch gewesen, einen individuellen Stil zu finden, durch welchen sich seine eigenen Instrumente auch von denen anderer abheben würden. Was seine Arbeit außerdem auszeichnet: Während die einzelnen Arbeitsschritte zum Herstellen einer Oud in größeren Werkstätten meist von verschiedenen Personen übernommen oder sogar maschinell ausgeführt werden, verrichtet Mohamed Khoudir jeden dieser Schritte selbst.

Die verschiedenen Teile der Oud

Für unseren Workshop brachte Mohamed Khoudir verschiedene Bestandteile einer Oud mit und gewährte uns so einen Einblick in die verschiedenen Stufen der Instrumentenanfertigung. Die Basis jeder Oud bildet die flache *Resonanzdecke* auf der Oberseite zusammen mit der sogenannten *Muschel*, dem bauchigen unteren Teil des Instrumentes. Beide bilden gemeinsam den Korpus, auf dem außerdem noch ein Schutzteil angebracht ist, um das Holz vor den Schlägen des *Rishas* zu schützen. Am unteren Teil der Decke sitzt fest verleimt der *Steg*, hinter welchem die Saiten gespannt werden, damit sie nicht auf dem Korpus aufliegen. Hier weist uns Khoudir auf die hoch differenzierten Berechnungen hin, welche für den Bau einer Oud nötig sind. So könne beim Steg schon aus wenigen Millimetern Höhenunterschied ein erkennbar anderer Klang resultieren und die Art, wie das Instrument zu spielen ist, beeinflusst werden. Am oberen Teil des Korpus folgt schließlich der *Hals*, auf welchem das *Griffbrett* angebracht ist. Diese Teile werden extra gefertigt und später miteinander verarbeitet. Hinter dem *Sattel* folgt der *Wirbelkasten*, in den die Saiten gespannt werden. Dessen charakteristische nach hinten abgewinkelte Krümmung sorgt dabei für eine höhere Spannung: Ein flacher Wirbelkasten würde eine geringere Strecke abdecken, über welche die Saiten aufgezogen werden können.

Die Verarbeitung von Holz

Schon der Name Oud, der im arabischen so viel wie „Holz" bedeutet, weist darauf hin, dass der Hauptanteil des Instruments aus Holz besteht, wobei verschiedene Holzsorten verwendet werden. Darunter fallen etwa Apfel-, Birnen-, Walnuss- und Kastanienholz und Kirschbäume, also Arten, die auch in Deutschland vorzufinden sind, aber auch Palisander, ein

Abb. 1–4: Oud-Werkstatt im PopUp Raum. Mohamed Koudir mit Lautenmuschel und Formraster (oben links). – Vorbereitung der Materialien (oben rechts). – Knochenleim- und Schellackgranulat (unten links). – Anrühren des Leims im Wasserbad (unten rechts). Fotos: Oliver Wiener.

Edelholz, dessen Import (aus Ländern wie z.B. Indien) streng reguliert wird. Die Auswahl und das Fällen der Bäume werden laut Mohamed Khoudir teilweise vom Instrumentenbauer selbst vorgenommen. Hierbei sind einige Aspekte zu beachten: Zunächst ist zu berücksichtigen, wie kalt, warm und beständig die Temperaturen an der Stelle sind, an der der Baum steht. Des Weiteren spielt die Höhe des Ortes über dem Meeresspiegel eine Rolle. Bei der Auswahl des Baums ist außerdem zu beachten, dass dessen Jahresringe parallel und gerade zueinanderstehen, da dadurch das Holz die höchste Stabilität aufweist. Es gibt es auch Händler, die Holz anbieten, welches unter Beachtung dieser Aspekte gefällt wurde und extra für Instrumentenbauer:innen gedacht ist.

Eine besonders wichtige Rolle spielt die Wahl und Verarbeitung des Holzes bei der Resonanzdecke, also dem vorderen Teil des Korpus. Sie sollte aus zwei gespiegelten Teilen bestehen, vergleichbar mit sich gegenüberliegenden Buchseiten. Mohamed beschreibt die Decke auch als den „Motor" oder die „Seele" des Instruments. Für den hinteren Teil des Resonanzkörpers, die Muschel, werden dünnere Späne verwendet, welche zuvor unter Hitze in eine gebogene Form gebracht werden (Abb. 1). Vor einigen hundert Jahren wurden für die Muschel 6 bis 9 Teile, in der Renaissance hingegen schon etwa 13, seit dem letzten Jahrhundert normalerweise 15 oder 16 Teile verwendet (vgl. Poché 2001, 26). Bis zum 20. Jahrhundert erhöhte sich die Größe des Korpus stetig, was an der genannten Steigerung der Menge von Einzelteilen zu erkennen ist. Heute werden zum Teil sogar bis zu 19 Späne verwendet, auch wenn die Größe des Korpus ähnlich wie bei 15 verwendeten Teilen ist. Der ohnehin schon durch seine Ornamentierungen eindrucksvolle Korpus des Instrumentes wird noch beeindruckender, wenn man sich bewusst macht, dass er aus mehreren hundert Einzelteilen zusammengesetzt sein kann.

Knochenleim und Schellack

Um die verschiedenen Teile zusammenzufügen, wird aus Tierknochen (z.B. von Rindern oder Hasen) hergestelltes Glutin verwendet, das durch Auskochen gewonnen wird. Glutin wird als Granulat aufbewahrt, wodurch es jahrelang gelagert werden kann (Abb. 3). Um einen Leim gebrauchsfertig anzurühren, wird das Granulat mit Wasser im Verhältnis 1:1 bis 1:3 aufgequollen (Abb. 4) und im Wasserbad erhitzt, bis der Leim die gewünschte Viskosität erreicht – hierfür kann ein handelsüblicher Wasserkocher verwendet werden. Laut Mohamed Khoudir gibt es diese Art von Leim schon seit mehreren tausend Jahren, und er hält oft Jahrhunderte. Neben Knochenleim wird in der Herstellung einer Oud mit Schellack noch ein weiteres natürliches, allerdings pflanzliches Produkt benutzt. Dieses dient aber nicht als Leim, sondern wird als Lackharz auf den Resonanzkörper aufgetragen. Anstelle dieser natürlichen Materialien werden seit dem 20. Jahrhundert im industriellen Instrumentenbau meist synthetische Alternativen zum Leimen und Lackieren verwendet.

Was für ein Instrument kann man in einem Workshop bauen?

Angesichts dieses aufwendigen und langwierigen Herstellungsprozesses stellte sich im zweiten, praktischen Teil des Workshops vielen der Teilnehmer:innen die Frage, wie der Bau einer Oud einem Publikum mit sehr unterschiedlichen Vorkenntnissen innerhalb von nur

Abb. 5: Lernobjekt – kleine Laute mit Kuchenformresonator. Es handelt sich um ein Instrument, das von Teilnehmer:innen des Workshops am 18. Juni 2022 gebaut wurde. Foto: Oliver Wiener.

wenigen Stunden vermittelt werden könnte. Mohamed Khoudir löste dieses Problem, in dem er uns statt einer Oud sehr viel einfachere Lauten aus verschieden Halsteilen und Resonatoren aus kleinen Handtrommeln (Tambourin) oder kleinen abgerundeten Kuchenbackformen bauen ließ (Abb. 2 und 5). Die letzteren dienten uns als Korpus, an welchen wir den Hals aus vorbereiteten, aber noch zurechtzuschleifenden Hölzern anbringen sollten. Auf diesem leimten wir schließlich noch Griffbretter auf und bohrten abschließend in den oberen Teil Löcher, durch welche die Stimmwirbel gesteckt werden konnten, auf die wir die Drahtsaiten spannten.

Während dieser verschiedenen praktischen Arbeitsschritte und aus Arbeitsfehlern erfuhren die Teilnehmer:innen, wie wichtig genaue Arbeit und Vorberechnung beim Bau eines Instrumentes sind. Waren etwa die Bohrlöcher für Wirbel nicht gerade gesetzt oder zu nah beieinander, ergaben sich später Probleme, die Saiten richtig zu spannen. Am Ende des Workshops hielten dennoch alle Teilnehmenden ein Instrument in der Hand. So stellte sich das Gefühl ein, selbst ein (Hobby-)Instrument geschaffen zu haben, zugleich konnte man aber erahnen, welcher Fähigkeiten es bedürfte, um eine konzertfähige Oud zu bauen.

Literatur

Beyhom, A. 2020. Dossier: Was the Early Arabian ʿūd "fretted"? *NEMO-Online*: https://hal-cnrs.archives-ouvertes.fr/hal-03680896

Bouterse, C. 1979. Reconstructing the Medieval Arabic Lute: A Reconsideration of Farmer's 'Structure of the Arabic and Persian Lute'. *The Galpin Society Journal* 32, 2-9.

Farmer, H. G. 1939. The Structure of the Arabian and Persian Lute in the Middle Ages. *Journal of the Royal Asiatic Society of Great Britain and Ireland* 1, 41-51.

— 1981. ʿŪd. In: Stanley Sadie (Hg). *The New Grove Dictionary of Music and Musicians*, Bd. 19, London: Macmillan, 306 f.

Farmer, H. G. und Neubauer, E. 2012, "Ziryāb", in P. Bearman, Th. Bianquis, C.E. Bosworth, E. van Donzel, W. P. Heinrichs (Hg). *Encyclopaedia of Islam*, Second Edition, Brill Reference Online.

Hornbostel, E. M. v. und Sachs, C. 1914. Systematik der Musikinstrumente. *Zeitschrift für Ethnologie* 4/5, 553-590.

Jahnel, F. 1996. *Die Gitarre und ihr Bau: Technologie von Gitarre, Laute, Mandoline, Sister, Tanbur und Saite*. Frankfurt: Edition Bochinsky.

Greve, M. 2003. *Die Musik der imaginären Türkei*. Stuttgart: J. B. Metzler.

Machin-Autenrieth, M. 2021. Ziryab and Us: Tradition and Collaboration in the Interpretation of an Arab-Andalusian Musical Myth. *Journal of Intercultural Studies*, 42(4), 494-514.

Neubauer, E. 1993. Der Bau der Laute und ihre Besaitung nach arabischen, persischen und türkischen Quellen des 9. bis 15. Jahrhunderts. *Zeitschrift für Geschichte der Arabisch-Islamischen Wissenschaften* 8, 279-378.

Poché, C. 2001. ʿŪd. In: *Grove Music Online*.

— 2014. ʿŪd. In: Libin, L. (Hg). *The Grove Dictionary of Musical Instruments*. Second Edition, Bd. 5. New York und Oxford: Oxford University Press, 128-133.

Reynolds D. F. 2021. *The Musical Heritage of al-Andalus*. London; New York: Routledge.

Touma, H. H. 1975. *Die Musik der Araber*. Wilhelmshaven: Heinrichshofen.

"Tarab Dub" (Hello Psychaleppo, Beirut, 2013)
Omar Shammah's illustration was the artist's personal response to a 2013 song of the same title by Syrian electronic music producer Hello Psychaleppo who, as a result of the Syrian war, had to flee from his hometown of Aleppo to Beirut.

"Min yelli qal" (Um Kulthum, Cairo, 1930s)
Hello Psychaleppo's song, in turn, sampled a recording from the 1930s by the famous Egyptian singer Um Kulthum (1904–1975). Composed by Zakkaria Ahmed (1896–1961), the song's lyrics include a quote which translates to: "The cosmos is illuminated by the moon, yet the lover is the light of the eyes (*wal kun yenawwar bil-ʿamr ama al-habib, nur al-ʿayun)*".

"Tarab Dub" (Henrik Engstler and Jonas Maier, Ochsenfurt/ Schweinfurt, 2022)
Our mixtape is an attempt to further expand this chain of musical and cultural references. It consists of original electronic music productions and reprocesses both Omar Shammah's illustration, Hello Psychaleppo's track "Tarab Dub" as well as its original sample, the song by Um Kulthum.[1]

From "Groundlevel" to a "Shaded Moon"

Exploring Sample Chains as an Homage to Tarab Dub

Henrik Engstler and Jonas Maier

Our Approach: Historical Sensibility and Analytic Listening

In our approach, Omar Shammah's illustration "Tarab Dub" acted as our main source of inspiration. We tried to combine the artist's subjective visual input with our own experience and methods regarding audio production techniques and electronic musical practices. The mixtape itself is divided into eight different sonic sections, each of which relates to a different visible "field" of Shammah's "Tarab Dub". This is already apparent in the section's names, for instance, "Shaded Moon", "Powerlines" or "Flying Houses". Thematically, the tape points to our personal experiences of (night-time) loneliness, desire, nostalgia, and melancholia— experiences that we express in different musical shapes and forms. To us, the dream-

1   We thank Hello Psychaleppo and Omar Shammah for kindly allowing us to re-publish their artworks here.

"Tarab Dub" (Omar Shammah, Damascus, 2013)
The illustration "Tarab Dub" was created in 2013 by the Augsburg-based, Syrian-born graphic designer Omar Shammah and shows a surreal depiction of a neighborhood in the war-torn city of Aleppo in which his grand-parents used to live.
50 x 70 cm. Charcoal and ink on drawing paper.

like, surreal depiction of the nighttime city in Omar Shammah's illustration evoked feelings of fantastic wonder and led to an accumulation of fragmented, genre-bending musical ideas, audio-imagery and synaesthetic elements.

As students of (ethno-)musicology, it was our intention not only to allude musically to elements of the artwork, but also to keep in mind its historical context. An important question that we asked ourselves was: how does one react to and expand on art that was created under the conditions of personal displacement? And what does it mean to us personally, coming from a different cultural background, to continue such a historically rooted chain of musical samples? With these questions in mind, we tried to approach the musical and visual works before us with an awareness of each artist's cultural background, legacy, and historical context.

Um Kulthum is a legendary Egyptian singer and a pan-Arab musical icon who continues to be listened to all over the Arab world and beyond (see Danielson 1997, Lohman 2011). Hello Psychaleppo has, over the past decades, become a renowned name in the international Arab electronic music scene (see Wenz forthcoming). Although in his approach of "affectionate sampling" he shares an awareness of Kulthum's legendary status, we also understood his re-interpretation of her song in "Tarab Dub" as an emotional response to the Syrian war and the subsequent forced migration of Syrians from their homes, as well as an expression of his own yearning for unity and peace.

Both Hello Psychaleppo's recording and Omar Shammah's image are shaped by the artists' personal life circumstances and unique cultural background. As non-Syrian recipients of these artistic works, we ought to be aware of these circumstances and the sensibility they require from us when re-interpretating and expanding their pieces of art. At the same time, however, the style and sampling procedure displayed in Hello Psychaleppo's "Tarab Dub," as well as the fantastic depiction of night-time Aleppo by Omar Shammah, also provided us with sentiments of free creativity. As such, they prompted us to continue the preexisting sample chain in a similarly creative, subjective, contemporary, and electro-musical vain.

At the beginning, given that these two songs served as the groundwork for our new musical creations, we listened to Um Kulthum's "Min yelli qal" and Hello Psychaleppo's "Tarab Dub" with a particular focus on the process of musical sampling. Henrik Engstler approached the two songs by seeking out parts with less percussive arrangements, drums, and instrumentation. This approach is especially audible in "Shaded Moon", which samples the outro of "Tarab Dub" (~5:02 onward) and parts from Um Kulthum, as well as "Nightwalk" (starting from ~1:18), in which the Egyptian singer's voice appears in various filtered, chopped-up, manipulated, and at times shrieking-sounding forms. Jonas Maier tended to focus on the drum-heavier parts of the pre-existing recordings. "Flying Houses", for example, has the disjointed and frenetic sounding instrumental samples of "min yelli qal" skitter in sync to a rapid percussive arrangement; "Powerlines" re-arranges the pre-existing drums of Hello Psychaleppo's original and "Groundlevel" samples larger, albeit heavily distorted instrumental cuts from Um Kulthum's song.

Minute by Minute (12:29): Nighttime Aleppo, Burial and Other Influences

Our mixtape is sequenced into eight small sections that are glued together by a wide variety of sound effects, including ambient drones or field recordings of pouring rain and mechanical vinyl crackle noises. Our approach to achieving cohesiveness between the different musical fragments was inspired by a DJ mixtape series hosted by the famous British dance club Fabric, entitled "Fabriclive". Specifically, we draw from the series' 100th instalment "Fabriclive 100 – Kode 9 & Burial (2018)", which used similar sound effects as filler sounds and "musical glue" between the single tracks that were mixed together by the DJs.

"Fabriclive 100"

The South London-based producer Burial has been a major influence not only for our mixtape, but to us generally as musicians. His audio productions manage to convey both nostalgia for an unreachable future and the idea of being haunted by a future that failed to happen, as described by the late Mark Fisher in his work "Ghosts of My Life: Writings on Depression, Hauntology and Lost Futures" (2014). These thematic components of the musician's work seemed applicable to the two "Tarab Dubs", as both were created by artists who are faced with the loss of a "could-have-been" future in the city of Aleppo and the country of Syria.

"Blinds" (0:00-1:31), "Nightwalk" (1:31-3:29), "Shaded Moon" (3:29-5:14) – Henrik Engstler

"Blinds" serves as an introduction not only to the mixtape but also to its general conception. Its heavy, somber sampled material evokes the haunting, yet intriguing wonder of the fictional nighttime Aleppo found in Shammah's artwork and in the outro section of Hello Psychaleppo's original "Tarab Dub", and it transforms the yearning calls of Um Kulthum into an entrancing, ominous chant. I slowed down and time-stretched parts of Um Kulthum's song from its original tempo to just 20 beats per minute and added various otherworldly sound textures such as the hissing, machine noises of vinyl crackle and the natural warmth of rain drops to create an ominous, haunting drone. This sampling technique was inspired by tracks such as "Subtemple" or "State Forest" by Burial, who treats his audio material with similar sound effects, sonic foliage, and the pitch-shifting and time-stretching of samples. Thus, the original pieces of music have been manipulated beyond recognition and are cloaked behind walls of sound effects, hiding the nighttime bliss of Um Kulthum's confessions of love and desire as untraceable and unreachable, as a lost cause. The song deals with the unseen, with whatever may have lain dormant behind the blinds of the pictured houses and, as such, is ungraspable for the observer.

"Subtemple"

"State Forest"

"Nightwalk" presents a stark difference in instrumentation and sampling technique but follows the former track's conceptual idea. In terms of its genre categorization, it draws from the South African house music subgenre Gqom and its artists such as DJ Lag, Rude Boyz or Griffit Vigo, especially in terms of its off-kilter percussive-rhythmic drum sequencing. Semi-

"Ice Drop"

"Ree's Vibe"

nal examples thereof would be tracks such as DJ Lag's "Ice Drop" or Griffit Vigo's "Ree's Vibe" . This inspiration is clearly audible in the thudding, repetitive and forward-driving, deep kick pattern, the "just-beside-the-beat" drumming of the wooden percussion and the shakers, the stuttering motion of Um Kulthum's sampled vocal and the extruding gloominess of the heavily compressed synth pad/bass. The rhythm and musical arrangement slowly make familiar what defines "Nightwalk", as it provides the motion of walking into the world of the nighttime-displaying artwork by Omar Shammah. The song allows a peak behind what has been previously hidden in "Blinds", enabling the first steps into the fictional Aleppo of his artwork via a more exposed sample material and the reduced shrouding sound effects.

"Shaded Moon" encapsulates the feeling of night-time loneliness and yearning for something (or someone) out of reach. Its steadily looped use of the heavily high-cut filtered sample from the outro of Hello Psychaleppo's "Tarab Dub" is melodically expanded on by a vacant-sounding, synthesized bell melody and a very monotonous, breath-like background synth pad. These components are glued together by two different synth basslines. The track features various sound effects, most notably the "sigh" before the percussive and bass components enter, which underlines the feeling of desire and woefulness that the track portrays. A "drum-skeleton" consisting of a variety of wooden, softly stinging percussive sounds surrounds the rimshot snare and kick pattern. The sharp, impulsive, and repetitive beat pattern presents a contrast to the lulling permutations of the melodic structure of the song. The song's title alludes to the nighttime in the artwork and shadows produced by the clouded

"Shell of Light"

moon light. Further, it can be discerned as a nod to "Shell of Light" by Burial, which served as its main inspiration in its melodic and percussive arrangement. "Shaded Moon" is meant to evoke the motion of wandering through the nighttime Aleppo of Omar Shammah's imagination, seeking out each light speck from the moon as an anchor of consoling safety on a lonely journey through the bittersweet memories of a lost place and future.

"Groundlevel" (5:14-6:43), "Vanishing Point" (6:43-8:35) – Jonas Maier

"This is My Palestine"

"Groundlevel" is located between the micro-genres post-dubstep and harsh-noise. It was inspired by Shammah's artwork depicting an eroded road leading towards the center of an, as I interpret it, claustrophobia-inducing alley, which seems hauntingly mysterious and intriguing at the same time. I personally liked the idea of portraying a somewhat broken beauty, i.e. heightening elements of fear and darkness lurking in the deep, that are hypnotizing and soul-catching in a healthy, fiction-like, and positive way. Since this personal aspect has been locked into the semantic meaning of a hidden path (leading somewhere unknown), I intended to create a mix of weirdly trance-like vocals. I thus chose to sample the vocals of Um Kulthum repetitively, adding soiled atmospheres (later also bringing in heavily processed samples of her background orchestra), and anxiety-triggering drum and percussion elements. As such, the track tries to evoke the

"Sheesh Mahal"

intertwined feelings of anxiety/growing curiosity and to catch and drag its listener into the loud, noisy, and unknown center of town. The track swings more or less vertically from distortion to cleanliness, as if the listener drifts towards the center, and wanders through an unpleasant memory of pain and sorrow. It has been inspired by the works of artists like Muslimgauze and tracks such as "This Is My Palestine" or "Sheesh Mahal" as well as the Newskool-Dubstep-Duo *16 Bit* and their remix of Amon Tobin's "Surge".

"Surge" (remix)

"Vanishing Point" is a Jungle-like track and links itself to the previously outlined notion of being dragged into a center-point. The relatively fast and almost "hyperactive" drum breaks signify an increasing level of emotional or sensual opening, while the slowly growing melodies and harmonies support the feeling of longing that the track tries to convey. Like "Shaded Moon", the synth pads are taken from the outro of Hello Psychaleppo's "Tarab Dub". They have been shifted tonally and processed with a rhythmic filter to increase the new track's drive and overall harmonic richness. Its melancholic energy relates to other Jungle songs such as Squarepusher's "Planetarium" or "Tundra", μ-Ziq's "Secret Stair, Pt. 1" or "Midwinter Log", or the seminal work "Polynomial-C" by Aphex Twin.

"Planetarium"

"Polynomial-C"

"Flying Houses" (8:35-10:01) – Henrik Engstler

"Flying Houses" has its core influences in the Chicago-based genre of Footwork, notable artists such as RP Boo, DJ Rashad or DJ Spinn and, in particular, the drum work, deep sub frequencies and fast sample chops of DJ Rashad's 2013 "Double Cup" album or RP Boo's song "Bangin' on King Drive" . The Afro-American style of contemporary electronic music also inspired the track's 160 beats per minute tempo, its overall ecstatic, scattered drum arrangement and the skittering sampling technique. The track's title refers to the levitating and house-like structures featured in Shammah's illustration, their surreal state is underlined by a comic-like, heightened, and energetic musical expression. The seemingly random but repeating arrangements of various sections of Um Kulthum's "Min yelli qal" depict the frictions that exist between the structures' different elements: from being well grounded (i.e. "Groundlevel") to flying high (i.e. "Shaded Moon") to being connected by "Powerlines".

"Double Cup"

"Bangin' on King Drive"

"Powerlines" (10:01-11:03) and "Curtains" (11:03-12:28) – Jonas Maier

"Powerlines" starts off by slowly introducing a looped part of Um Kulthum's voice and snippets of the song's musical background elements. The sampled audio scenario has been time-stretched and is interrupted by a heavily processed and re-arranged part of "Tarab Dub", marking the edgy funk- and reggae-guitar-cuts, and a high velocity and dynamic-richness. The original material has been sliced into several small samples and re-arranged as a fast and chaotic glitch-beat in a much higher BPM and at a 5/8 time-signature. Although the track

"Banana Seat Girl"

"Too Young"

may be inaccessible to some listeners, it still follows the overall tonal and musical features of "Tarab Dub", this time just in a technical disguise and a mood akin to "Flying Houses". The production of "Powerlines" was inspired by similarly arranged tracks of Canadian Breakcore-producer Venetian Snares such as "Banana Seat Girl", "Too Young" or "Einstein-Rosen Bridge". As the track slowly decreases in complexity, it leads into the outro of the mixtape, "Curtains". The grieving synths and the Um Kulthum chops fade into a noisy, crumbling and hissing sphere, reminiscent of a style familiar from the already-mentioned Burial. A tape-stop-sound-effect closes the scenery, and the mixtape ends with a crackle.

The curtains close. Silence. A lost future, sonically remembered, celebrated, and expanded upon through processes of sampling and musical recontextualization. We are left with the following message:

"It is groovy, gritty and powerful. Omar's artwork was done after he listened to "Tarab Dub" and got inspiration from it. I never thought of it to be done the other way round. Henrik and Jonas did an absolute wonderful job capturing the sound of the image, taking me on a personal journey. It's really impressive to experience it this way. Send them my salute and appreciation."

Hello Psychaleppo, 19 September 2022

References

Danielson, V. L. 1997. *The Voice of Egypt: Umm Kulthūm, Arabic Song, and Egyptian Society in the Twentieth Century*. Chicago: University of Chicago Press.

Fischer, M. 2014. *Ghosts of My Life: Writings on Depression, Hauntology and Lost Futures*. London: Zero Books.

Lohman, L. 2011. *Umm Kulthum: Artistic Agency and the Shaping of an Arab Legend, 1967–2007*. Middletown, Connecticut: Wesleyan University Press.

Wenz, C. forthcoming. *Music from Aleppo during the Syrian War: Displacement and Memory in Hello Psychaleppo's Electro-Tarab* (Elements in Music and the City). Cambridge: Cambridge University Press.

REFLEXIONEN

Public Ethnomusicology

Connecting to the City and Society

Mehdi Bagheri

When I first learned about the project "Syrische Tonspuren in Würzburg" I assumed that most of the work would take place at the Institute for Music Research. However, the project gradually turned out to be the opposite of my early and semi-unconscious assumption, both in terms of the practical work to be done and the background mindset that informed it. Not only all the events and recordings, but also a significant and important part of the communications happened beyond the doors of the Institute for Music Research in the Domerschulstrasse and beyond the Institute's section of the Würzburg Residence as well. To give a brief summary of the project: it was a work toward the output of an exhibition and had the aim of showcasing an less familiar layer of the soundscape of Würzburg, namely its Syrian sound-prints. As was mentioned during the preliminary sessions of the seminar, the exhibition was not supposed to 'represent' Syrian musicians, music or people. Rather, it was meant to expose aspects of the musical life occurring in town that have in a way, directly or indirectly, something to do with Syria. What started as an idea developed into eight so-called listening stations, each of which was created by a student or a collaboration of two under the supervision of Dr. Wenz and Dr. Wiener.

What seems prominent to me when reviewing the project as a whole is one outstanding aspect and outcome, i.e. the bridges and connections that were being built to connect the university, the city and the general public. These connections can be investigated regarding concepts of public ethnomusicology and scholarship outside the classroom, as well as community music. In the following I will briefly go through these concepts and apply them to different contexts of the project.

Public Ethnomusicology: The Status of the Institute/University

It occurs many times that faculty members get settled in the city of their university department and put a great deal of time into teaching, preparing curricula and plans for the field but stay detached from the city's communities. In the pioneering volume "Voices of the Field: Pathways in Public Ethnomusicology", edited by Leon Corona and Kathleen Wiens, the ethnomusicologist Jeff Janeczko reminds us that already one hundred years ago, Charles Seeger expressed a warning about "limitations of a field too concerned with the pure study of its own subject" (Janeczko 2021, 179). Today, despite new approaches to the field of ethnomusicology, it is still presumed by many that ethnomusicological work should primarily result in academic publishing. As Corona and Wiens put it in the introduction to the same volume, "[t]he work of ethnomusicology continues to be channeled primarily through academic settings, and so continues the cloistering of our work away from the public eye and ear" (Corona and Wiens 2021, 2). Indeed, the professional identity that most ethnomusicologists and ethnomusicology students assume is usually oriented towards academic settings and outputs. But this could be rearranged by expanding and re-defining the border of academia. It is in this vein that Kathryn Metz, in the chapter "Activate Ethnomusicology Everywhere" has called on universities to make "the academy as attainable (not only for traditional college attendance but even for one-off learning opportunities at lectures, performances, and more) for more community members" (Metz 2021, 211-212). According to her, such an inclusion would prevent the field of ethnomusicology from considering itself as a discipline useful only within academic settings. This would not mean ruling out scholarly outputs, but rather using them as a device to inform other scholars and ethnomusicologists about possible ways of applying scholarship outside of academia.[1]

A related point and keyword, also introduced by Corona and Wiens, is "public-facing ethnomusicology" (2021, 2), an approach to the discipline in which the audience of the ethnomusicological work changes from academics to the general public. According to them, public-facing work brings the advantage of addressing the social fabric of a community and initiating processes of its healing, if necessary (ibid.). I believe this point is also relevant to our "Syrische Tonspuren" project, which aimed at raising public awareness about the musical cultures of one of Würzburg's minority groups without trying to exotify it or its music as an inherently distinct form.[2]

Finally, public ethnomusicology can also have a training orientation and promote community music, i.e. a public engagement with music outside of classrooms and with the aid of music facilitators (see Campbell and Higgins 2015). The rap workshop by the Syrian rapper Mohammad Shekh Yousef, also known under his artistic name Niro (see Hellwich and Shekh Yousef in this volume) took place in this framework. Supported by the local city council, Niro regularly holds rap workshop in a local music center. We invited him to do one of his sessions within the context of our project, thereby giving several Syrian youths—although participation was not limited to them—the chance to obtain or further develop their rapping skills and prepare a rap song together. Another one of our community engagement events was the oud-making workshop by the Berlin-based Mohamed Khoudir (see Epperlein in this volume). In this workshop, all attendees—from students and researchers of the Institute for Music Research to members of the local public—learned the theoretical foundations, techniques, and materials with which an oud is made, then split into several groups in order to craft a simple instrument, giving the participants practice in the skills necessary to produce such an instrument.

Throughout the exhibition, expanding the borders of the academic institution, in this case the Institute for Music Research, was achieved not only by the aforementioned community events but also by displaying the materials and instruments of the Institute's instrument collection (Studiensammlung Musikinstrumente & Medien) as well as the phonograph records held by the chair of ethnomusicology. In that way, the general public got aware of and received information about the different material resources available at the Institute.

---

1   Already in 1992, ethnomusicologist Daniel Sheehy highlighted the need for such an approach in his article "A Few Notions about Philosophy and Strategy in Applied Ethnomusicology" where he stated: "[W]e (ethnomusicologists) […] have been a part of the explosion of activity in applied work over the past fifteen years, but […] have neglected to share our outlook, insights, and experiences with the field at large" (Sheehy 1992, 325).

2   This approach also informs our ethnomusicology department's ongoing research project "Learning from Ethnomusicology and Our Neighbors: Musical heritage, creativity and intercultural engagement": https://www.musikwissenschaft.uni-wuerzburg.de/forschung/musikalische-vielfalt-in-wuerzburg/

Building Bridges: Local Organizations, Places and Communities

A way of widening the scope of an institute's activities is to reach out to local organizations and, if possible, to partner with them. This has multiple benefits for both institutions and students (see Metz 2021). Our collaboration with the Mozartfest Würzburg, especially the team of curators responsible for the PopUp Space in which our exhibition took place, allowed students, musicians and lecturers to apply their skills and arts in the framework of a prestigious festival. It also offered the possibility of gaining funds other than the set university budget, even if the resources provided by Mozartfest were still rather limited (compared, for example, to the fees paid to musicians performing on the festival's main stages).

During the exhibition, events took place in the PopUp Space of the Mozartfest (screening of the film "Wajd" and oud-workshop, see Wenz/Wiener and Epperlein in this volume), the Toscanasaal at the Würzburg Residence (an oud-piano concert by Aktham Abou Fakher and Felix Schneider-Restschikow, see Ungeheuer in this volume) and the local Marienkapelle (a liturgical concert by Syrian members of the Melkite Greek Catholic church, see Moufarrej in this volume). We also formed a link between the Institute and different places in Wuerzburg by including in the exhibition meaningful sounds of the city, such as snippets from the loudspeakers of local buses, or sound recordings from the street that students had collected. These samples were processed into a sound installation by some of the participating students who thereby developed their skills in sound processing.

According to Anthony Seeger, public facing and applied ethnomusicology need to take into account "knowledge both of local communities and of the wider social context in which that community lives" (Seeger 2006, 222). Indeed, our "Syrische Tonspuren" project not only allowed members of the Institute to expand their network, but it also provided students with the opportunity to connect with other local musicians and professionals to produce and present knowledge in a language accessible to the general public. For example, Hussien Mahmoud, a Kurdish-Syrian Saz-player as well as the qanun-player Salah Maraqa (see interview in this volume) were invited to comment on the content of the exhibition's listening stations and both gave a guest lecture in one of its preceding seminars and during the exhibition respectively. Moreover, Hussien Mahmoud and his brother Hassan (also a Saz-player) gave a performance at the opening of the exhibition, parts of which he prepared and presented with an ensemble of students. This kind of partnership with community members and professionals who are not necessarily part of a university is emphasized repeatedly by Kathryn Metz as advantageous for both universities, the locally involved community, and students:

> "An academic-arts organization partnership often benefits both parties: the arts organization receives more credibility, promotes its mission in an academic setting, and benefits from aid in the form of volunteers, interns, and a potential employment pool. The college or university demonstrates investment in local culture and offers more opportunities for growth and learning for its students, staff, and faculty" (Metz 2021, 209).

As mentioned, the exhibition and the events that surrounded it put academics and students in direct contact with city residents and attendees. In my opinion, the event that was most representative of this approach was the Melkite Greek Catholic liturgical concert in the Marienkapelle, which attracted Syrian Christians from all over Germany, and which was visited by non-Syrians as well. With Guilnard Moufarrej and Clara Wenz giving an introductory talk about the historical and geographical background of the liturgy presented, the event had, in a way, the character of a university seminar session being held outside of its usual place for an audience consisting not only of students. Like many other of the events presented, it created a temporary network between those working and studying at the Institute for Music Research as well as Syrian and non-Syrian communities and members of the local public.

Student Involvement and "Ethnomusicology at Home"

Public ethnomusicology embraces a point that, particularly nowadays, is very relevant in educating ethnomusicology students: namely, the possibility to learn to reach out to professionals outside the university (see Krieger 2021). By being in charge of activities such as conducting interviews with musicians, managing events or distributing concert flyers, students had the chance to carry out assignments that departed from the traditional teaching-and-grading method, allowing them to learn from and reach out to journalists, cultural organizers and city administrators involved in the Mozartfest.

Besides these more practical aspects, what also emerged from our project was a new understanding of the traditional "field" in which ethnomusicological research takes place. As Jeff Janeczko writes: "Most of the tools we acquire through graduate studies prepare us for fieldwork in remote locations, for working with traditions that are not fully enmeshed with Western music or the Western world, for learning specific traditions tied to particular places or peoples, and for analyzing how those musical traditions shape and are shaped by social and cultural life" (Janeczko 2021, 185). In the context of the "Syrische Tonspuren in Würzburg" project, students learned to think of fieldwork "at home" in a place to which we ourselves belong, and which encompasses both us and a field that we create, work and act through.

An example of the latter was our use of social media for announcing the different events of the project. The project's limited timeframe and funding, as well as students' lack of previous experience in the field, created some difficulties, such as the distribution on a few occasions of some inconsistencies and false information via social media. As Stella Marte, one of the students responsible for social media explained: "It was something [new] I never worked on, but it was also difficult to think of the right quotes or titles and to decide what do we post about a specific topic. I was lucky to get help and feedback but learned that you must be careful with the way you write something, since it's also a kind of display of the work of the other students."[3] Her critical concerns were directed at the project's limited timeframe ("[most often] it was quite late to do social media [things] as an announcement for the work") and at confusion about who posted what on which platform, since an Instagram and a Facebook page were established without assigning each to a specific person. To counter these difficulties, we created a WhatsApp group as a forum for communication outside of the classroom and to enable a more constant and faster contact between students and lecturers.

3   Personal conversation, September 15, 2022.

Finally, some students got the chance to apply their individual abilities in a new context. For example, a participating student responsible for one of the listening stations mentioned the usefulness of being able to present his professional work from outside the university within a university framework, as well as collaborate with others who followed the same line of pursuit. Through such public-facing projects, students learn how to connect their skills to the requirements of ethnomusicology and develop them accordingly.

Conclusion: Moving Beyond the Classroom

As I mentioned in the beginning, the aim of "Syrische Tonspuren in Würzburg" was not to 'represent' Syrian people or music, but instead to encourage a group of people to form bridges to spaces outside the classrooms and Institute. It not only motivated students and lecturers, some of whom had already done research on the subject individually, but also gave the public an insight into the institute's collection of musical instruments (Studiensammlung Musikinstrumente & Medien), its department of ethnomusicology, and into the Institute of Music Research as a whole, its resources, lecturers and students. For Syrian residents, it was a chance to see an aspect of their country's musical culture presented in a formal setting and as a part of public city life.

To me, this project can be seen as a pilot project that may set the example for future collaborations with the Mozartfest or for exploring the diverse musical landscape of Würzburg. It may also act as a model for other music institutes engaging in public outreach programs.

References

Campbell, P. S. and Higgins, L. 2015. Intersections Between Ethnomusicology, Music Education, and Community Music. In: Pettan, S. & Titon, J. T. (eds). *The Oxford Handbook of Applied Ethnomusicology*. Oxford: Oxford University Press, 639-670.

Corona, L. F. G. and Wiens, K. (eds) 2021. *Voices of the Field: Pathways in Public Ethnomusicology*. Oxford: Oxford University Press.

Corona, L. F. G. and Wiens, K. 2021. Introduction. In: ibid. (eds) 2021, 1-8.

Janeczko, J. 2021. Curating the Virtual Museum: Public-Facing Ethnomusicology and the 'Curationist Moment.' In: Corona/Wiens (eds) 2021, 177-202.

Krieger, M. 2021. Navigating a Path toward a Public-Facing Career in Ethnomusicology. In: Corona and Wiens (eds) 2021, 238-257.

Metz, K. 2021. Activate Ethnomusicology Everywhere. In: Corona and Wiens (eds) 2021, 203-218.

Seeger, A. 2006. Lost Lineages and Neglected Peers: Ethnomusicologists Outside Academia. *Ethnomusicology* 50(2), 214-235.

Sheehy, D. 1992. A Few Notions about Philosophy and Strategy in Applied Ethnomusicology. *Ethnomusicology* 36(3), 323-336.

Aperçu zum Konzert

**von Aktham Abou Fakher (Oud)
und Felix Schneider-Restschikow (Piano)
im Toscanasaal der Würzburger Residenz am 16. Juni 2022**

Elena Ungeheuer

Miles rhythmisiertes Hexengebräu („Bitches Brew"), Chicks vorwärtstreibende Wiederkehr zur Ewigkeit („Return to Forever"), Joes bigbandartig sich entladendes schweres Wetter („Heavy Weather") und Franks klangopulente Legende vom großen Wazoo („The Grand Wazoo"), der ein antikes Regime mithilfe seiner bombastischen Armee aus 5000 Blechbläsern, 5000 Perkussionisten und 5000 elektronischen Musikern verteidigt... diese grundsolide, urverlässliche, dynamische, starke Musik, mit der ich aufwuchs, sei allesamt Versinterung, Verschmelzung, Zusammenlegung, kurz: Fusion, wie mich nicht nur Wikipedia belehrt? Heute längst zu einem weiteren Eintrag in der Verschlagwortung historiographischer Zettelkästen geronnen, fixiert diese Gattungsbezeichnung mit ihrem Dunstschweif einer Speise, die weder als Fisch noch als Fleisch zu küren ist und einen mentalen Aggregatzustand der Auflösung beschreibt, ein Unfixiertes – nochmal wozu? Nicht, dass mich dieses musikwissenschaftliche und medienalltagspraktische Gattungslabyrinth und sein unausgesprochenes wie undurchsichtiges Regelwerk täglich umtriebe. Allerdings kommt mein täglicher Blick auf die Gegenwart nicht umhin, dessen dauerhafte und offenbar undiskutierte Aktualität zur Kenntnis zu nehmen.

Dann aber, am außergewöhnlich heißen Abend des 16. Juni 2022, blitzte auf dem Platz vor der Würzburger Residenz/Südflügel eine Erleuchtung auf. Ich verdanke sie zwei Kollegen, die das im Toscanasaal zuvor gegebene Konzert von Aktham Abou Fakher (Oud) und Felix Schneider-Restschikow (Piano) mit zu gleichen Teilen gelangweilten wie entnervten Mienen verließen. So oder so ähnlich klangen ihre begleitenden Worte ... *und dann immer diese Standard-Sauce, die der Jazzpianist über das wirklich gute Oudspiel gegossen hat ...* Für einen Moment verstand ich eine mögliche Motivation von Experten: Eine musikalische Vermischung zu betonen, schafft die argumentative Voraussetzung, um Werturteile zu artikulieren, etwa im Sinne einer musikalischen Vorliebe „das Eine ist besser als das Andere" oder auch im Sinne eines Ideals des Purismus, „nur das Eine ist besser als die Gleichzeitigkeit von Zweien". Soweit so gut, bzw. soweit verstanden.

Wollten meine Zeilen zu einer musikologischen Abhandlung anschwellen, müsste nun alsbald eine gründliche Auseinandersetzung mit der Sicht der Musiker:innen auf Gattungsbezeichnungen und den ihnen anhaftenden Gout folgen. Und jene Abhandlung ihrerseits würde im Nullkommanix auf mehrere hundert Seiten anwachsen. Beim besten Willen ist diesbezüglich kein einheitlicher Befund festzumachen (wie selbstredend auch nicht aus Sicht der Expert:innen). Es geht hier aber nicht um eine Abhandlung, sondern um einen kurz verschriftlichten persönlichen Eindruck, den jenes heiße Konzert hinterließ. Die Hitze im Saal war beileibe nicht nur den klimagewandelten Würzburger Temperaturen geschuldet. Aktham Abou Fakher und Felix Schneider-Restschikow interagierten so intensiv auf der Bühne, dass man die Energiequanten (oder waren es Wellen?) regelrecht hin und her springen resp. fließen sah. Egal wer wem den Vortritt ließ – und es war beileibe nicht alles improvisiert – alles geschah mit höchster Aufmerksamkeit für

Aufzeichnung
des Konzerts

den Partner und für das Gemeinsame, das da entstand und sich laufend veränderte. Allein diese vitale Performance zündete den Saal an und riss einfach mit, was nicht bedeutet, dass alles nur laut und heftig klang. Im Gegenteil – und das ist in der Retrospektive der zweite starke Faktor, der dem Konzert seine Güte verlieh – ging jeder der Musiker höchst genüßlich auch auf sich selbst und das eigene zärtliche, innige, fordernde, tänzerische, körperliche wie achtsame Spiel am und mit dem Instrument ein (der Adjektive könnte man noch viele einfügen). Ein Spiel, das übrigens auf beiden Seiten höchst anspruchsvoll und hochwertig ausgeführt wurde.

Ich selbst habe es nicht so mit dem Spruch von Musik als Weltsprache. Meine langjährigen semiotischen Studien haben mich ein wenig verdorben oder auch zu sehr sensibilisiert, um daran zu glauben, dass zwischenmenschliches Verstehen mit ein paar Klängen (und überhaupt: welche Klänge denn?) so einfach zu generieren sei. Deshalb sind die paar in diese Richtung gehenden Zwischenkommentare auf der Bühne an mir abgeglitten. Um mich von der höchst wertvollen künstlerischen Verbindung jenes Konzerts, die ich oben mit ein paar Bemerkungen skizzierte, überzeugen zu lassen, bedurfte es auch keiner Paratexte. Vielmehr zogen die Beiden Jede und Jeden im Publikum, die oder der irgendwie dazu bereit war (und das waren außer mir sehr sehr Viele), in ihren originär von ihnen für sich selbst lustvoll erzeugten Austausch hinein. Das wiederum kommt tatsächlich meinem Ideal von gegenseitigem Verstehen sehr nahe.

Ich habe mir hinterher eine CD gekauft. Wenn das der Wahrheitsfindung dient, dann beteilige ich mich gerne daran zu prüfen, ob die Musik der Beiden einer bestehenden musikalischen Gattung zuzuordnen ist, ob die beiden Künstler eine eigene Gattung im Begriff sind zu etablieren oder ob ich die Empfehlung „bitte gattungsfrei" aussprechen möchte.

Zwei Alben des *Raniin Trio*: „Jahre im Juli" und „Swaida an der Weinstraße"

Mohamed Khoudir (Berlin): Oud 4/4 Top Mulberry/Nut, 2020. Foto: Oliver Wiener

D ie auf der gegenüberliegenden Seite zu lesenden Beschreibungen stammen von einem ehemaligen Einwohner Aleppos, der kriegszerstörten Stadt im Norden Syriens, die auch unter dem Beinamen „*Um al-tarab*" bekannt ist. *Um* heißt auf Arabisch „Mutter", *tarab* bedeutet so viel wie „Entzücken", „Entrückung", „Ekstase" und bezeichnet eine spirituell-emotionale Stimmung, die durch Musik erzeugt wird und die Gefühle der Traurigkeit genauso wie der Freude umfassen kann. Gleichzeitig ist *tarab* auch ein Überbegriff für verschiedene regionale Kunstmusikstile, deren Darbietung eine solche Stimmung bei Musikern[1] wie bei der Zuhörerschaft hervorrufen. Schließlich wird *tarab* mit der Rezitation von Dichtung und dem Koran assoziiert. Angesichts dieser vielen Konnotationen spricht man in der Wissenschaft von einer *tarab*-Kultur, welcher bestimmte soziale und ästhetische Praktiken sowie Einstellungen in Bezug auf die Ausübung und das Wahrnehmen von Musik gemeinsam sind (vgl. Racy 2003).

Das aufmerksame Hören – Die *Sammiʿah*

Ellen Kaufmann

Eine besondere Rolle kommt dabei dem Ideal des aufmerksamen Zuhörens zu. So steckt hinter dem musikalischen Beinamen Aleppos als „Mutter der musikalischen Ekstase" der Mythos, dass ihren Einwohnern ein ganz spezielles Gehör und Gespür für Musik zu Eigen sei. Verkörpert wird dieser Mythos von den oben beschriebenen *Sammiʿah*, einem kultivierten musikalischen Publikum, das für das musikalische Erbe der Stadt als mindestens genauso wichtig gilt wie die vielen dort geborenen Musiker.

Muʿasabah – „Aufmerksam und umsichtig folgen"

Abgeleitet von der Konsonantenwurzel *s-m-ʿa* (auf Deutsch: „hören" oder „zuhören"), beschreibt der Begriff *Sammiʿah* „diejenigen, die (gut) hören". Die *Sammiʿah* besitzen demnach gute musikalische Kenntnisse und ein besonderes Talent für das Zuhören. Viele von ihnen sind mit wichtigen Aufführungsgenres und Musikstilen vertraut. Allerdings erfassen sie den musikalischen Ausdruck sowie die Gestik und Mimik der Musiker weniger auf

---

1   Aus Gründen der besseren Lesbarkeit wird in diesem Beitrag das generische Maskulinum verwendet, das geschlechtsunabhängig verstanden werden soll.

Al-sammiʿah hinne yellu yetdhawaqu al-musiqa. Yaʿni ay insan yekun sammiʿ. Manata yetdhawaq al-fann, yetdhawaq al-tarab, yetdhawaq al-kalimah. Bil-nihayah huwa insan fanan juwatu yaʿni. Al-sammiʿ mumkin yekun muhim lal-mutrib akthar min anu yekun ʿala masrah. Lama ana mathalan bʿazif al-oud aw baʿul – lama yekun ʿudami sammiʿah wa fahmanin shu ʿam baʿul wa muhtaramin yelli ʿam baʿul mumkin ajud akthar, mumkin aʿul akthar, aʿul yelli ʿandi akthar. Fa al-sammiʿ ilu wadaʿu fi al-jalsah hata mitl al-mutrib wa mitl al-musiqi li-annu huwa baʿul, huwa bijajʿa al-nas ʿala anu talʿa ma bi-dakhlah. Shi muhim yaʿni annu yekun sammiʿah. Itsawwari wahid ʿam yaʿzuf mathalan qadd min al-qudud al-halabiyyah aw muwash-shah aw am biʿul mawwal wa al-tani ʿam yehki. Fa rah yesibu baʿqul lesh ana am baghanni hun talama ma fi hada samaʿni. Al-sammiʿ huwa yʿati al-ham lal-mutrib aw al-musiqi wa bijud akthar. Tabʿan huwa al-sammiʿ ma yeʿul ka-mumathil ʿashan yeʿul. La! Huwa min ʿamaqu huwa yehiss bil-naghmeh, yehiss bil-sawt, yehiss bil-jaw al-mawjud. Fa lidhalik yehtarim al-musiqa yille mawjudah wa huwa bikun min nafsitu yaʿni min juwatu yekun matrub. [...] Hadha rithaʿ la-ruhu. Idhan insan raqi hatha yekun, hatha yekun insan fannan, fil-asl. Al-fannan mish bas wahid yemsuk alat musiqiyyah wa yʿazif ʿaleyha aw mutrib yeghanni, la! Al-mustamʿa kaman huwa aham liannu al-mutrib yeʿul la-min? Idha ana mutrib wa ghaneit wa ma hada samʿani maʿnata al-qima al-fanniyyah laʿshi. Idhan al-mustamʿa huwa aham shi.

Die *Sammiʿah* sind diejenigen, die die Musik wahrnehmen und genießen. Jeder Mensch kann ein *Sammiʿ* sein. Es geht um ein Empfinden der Kunst, der musikalischen Ekstase, des Worts. Letztlich sind die *Sammiʿah* Künstler. Sie sind für den Sänger wichtiger als die Tatsache, dass er auf einer Bühne steht. Wenn ich zum Beispiel auf der Oud spiele oder singe und vor mir einen *Sammiʿ* sitzen habe, einen Menschen also, der meine Musik versteht und der das, was ich sage, schätzt – dann werde ich besser, dann singe ich mehr! Die *Sammiʿah* haben in einem Konzert einen ähnlichen Platz wie die Sänger und Musiker, weil auch sie Dinge sagen und weil sie die Menschen ermutigen, ihr Inneres nach außen zu kehren. Es ist wichtig, dass es *Sammiʿah* gibt. Stell dir vor, jemand singt ein Volkslied oder eine *Muwashshah* oder eine *Mawwal* und ein anderer redet dabei! Er wird sich denken – warum singe ich überhaupt, wenn mir doch niemand zuhört? Die *Sammiʿah* geben den Sängern und Musikern eine Bedeutung, sie machen sie besser. Dabei sind ihre Reaktionen nie aufgesetzt oder gespielt. Nein, ihre Ausrufe kommen tief aus ihnen hervor, sie fühlen die Melodie, sie fühlen den Klang, sie fühlen die Stimmung. Sie halten die Musik in Ehren und sind in ihrem Inneren ganz ursprünglich von ihr berührt. Sie interagieren mit dem Lied, mit dem Liedtext und der Melodie. [...] Es erhebt ihre Seele. Sie sind daher feine Menschen, Künstler. Künstler ist schließlich nicht nur, wer ein Musikinstrument in die Hand nimmt und darauf spielt, oder ein Sänger, der singt. Nein – Zuhörer sind wichtiger, für wen wird schließlich gesungen? Wenn ich singen würde und mir dabei keiner zuhörte, dann hätte die Kunst keinen Wert. Daher sind die Zuhörer am wichtigsten.[2]

2 Abu Farraj, aus einem Interview mit Clara Wenz am 3. Oktober 2016. Das Interview war an der Hörstation zu Aleppo als bebildertes Video mit Untertiteln abrufbar. https://youtu.be/yS54c1qu_X8

einer theoretischen, sondern auf einer emotionalen Ebene. In der kulturellen Vorstellungs-welt vieler Einwohner Aleppos (sowie Anhängern der *tarab*-Kultur im Allgemeinen) wur-den die *Sammiʿah* mit der Gabe beschenkt, Musik zu fühlen (Racy 2003, 40). Sie gelten als das, was die amerikanische Ethnomusikologin Judith Becker als „deep listeners" bezeichnet, Personen also, „die durch das bloße Hören eines Musikstücks zutiefst bewegt, vielleicht so-gar zu Tränen gerührt sind" (Becker 2004, 2).

Ihre emotionale Bewegtheit und ihre Fähigkeit des guten Zuhörens bringen die *Sammiʿah* durch Gesten, Gesichtsausdrücke, Körpersprache und verbale Ausrufe, welche kulturell geprägt sind, zum Ausdruck. So reagieren sie auf besonders eindrucksvolle Musik-momente mit verbalen Ausrufen wie beispielsweise „*Allah!* (Gott!)", „*Ya ruhi!* (Oh meine Seele!)", „*Ya ʿayni!* (Oh mein Auge!)" oder „*Ya habibi* (Mein Liebling!)". Solch ekstatische Reaktionen können in ihrer Intensität und Ausdrucksweise unterschiedlich ausfallen und sind abhängig von der gegenwärtigen Musik, der Umgebung des Hörens und der Vorlie-be des Zuhörers selbst; wichtig ist jedoch, dass sie einen festen Bestandteil der Interaktion mit einem Künstler während seiner Darbietung ausmachen. Für den Musiker ist dieses Zu-sammenspiel von großer Bedeutung, denn durch die Rückmeldung des Publikums werden höhere musikalische Erwartungen an ihn gesetzt und diese motivieren ihn, noch bessere Leistungen zu erbringen. In einem Interview, das der Ethnomusikologe Ali J. Racy 1990 mit Sabah Fakhri (1933–2021), einem der berühmtesten Sänger Aleppos, führte, erklärte dieser ihm die Beziehung zwischen den Zuhörern und dem Künstler. Dabei gebrauchte Sa-bah Fakhri den Begriff „*muʿasabah*", der mit „aufmerksam und umsichtig folgen" übersetzt werden kann. Wenn also ein *Sammiʿ* sich im Zustand des *muʿasabah* befindet, ist er mit dem Vortragenden musikalisch verbunden und wirkt intensiv – wie im Rausch oder in Ekstase – mit (Racy 2003, 41).

Das stille Hören

Die Form der emotionalen Äußerung zu bestimmten Liedern oder Stücken während einer Darbietung mag westlich geprägten Hörern aus dem Umfeld der sog. ernsten Musik be-fremdlich erscheinen. Beim Konzept des stillen Zuhörens, das ein zentrales Rezeptionsver-halten von europäischer Kunstmusik darstellt, handelt es sich um das Resultat eines Zivilisa-tionsprozesses. Dieser hat sich im Lauf des 19. Jahrhunderts in einer komplexen Interaktion von sozialer Distinktion, selbstreferentieller Werkästhetik und einer Art kunstreligiösem Status von Musik gebildet. Nach Elias (1976) handelt es sich hierbei um einen sozialen Dis-ziplinierungsprozess, der aus der gegenseitigen Beobachtung und Angleichung von Verhal-tensmustern unterschiedlicher Klassen entsteht. Dieser lässt sich im Publikumsverhalten der europäischen Konzert- und Opernhäuser idealtypisch studieren (Müller 2006). Bis heute zahlt das Konzert- und Opernpublikum für die Umwertung seines ästhetischen Objekts ei-nen hohen Preis: Es mag zwar neue musikalische Einsichten gewonnen haben, verlor dafür aber Möglichkeiten eines spontanen Musikgenusses und der unmittelbaren emotionalen Reaktion.

So wie der Applaus im Konzertsaal des frühen 20. Jahrhundert einen normativen Cha-rakter bekam (vgl. Toelle 2018, 181), fungieren auch die Einrufe der *Sammiʿah* als Distink-tionsmerkmal und deuten darauf hin, dass in der Art, *wie* wir Musik hören, verschiedene kulturelle und soziale Identitäten zum Ausdruck kommen. Laut dem Anthropologen Jonathan Shannon, Autor der bisher einzigen englischsprachigen Monographie über die Musikkulturen Syriens, markiert die *tarab*-Kultur Aleppos und der damit verbundene Idealtyp des aufmerksamen, begeisterten und lautstarken Hörens eine „Ästhetik der Authentizität" und wird von vielen syrischen Musikern, Künstlern und Intellektuellen als Ausdruck eines „östlichen Geists" (arab. *„ruh sharqiyyah"*) verstanden (Shannon 2003, 74).

Persönlicher Eindruck

Was es bedeuten kann, sich in Würzburg und vor dem Hintergrund einer ganz anderen musikalischen Sozialisierung mit der Hörkultur der *Sammi 'ah* zu beschäftigen, soll folgende persönliche Notiz zum Ausdruck bringen.

Bevor ich mich mit der *tarab*-Kultur beschäftigt habe, kannte ich bei einer Musikaufführung nur stilles Hörverhalten. Musik spielt eine wichtige Rolle in meinem Leben. Mich fasziniert, was Musik in Bewegung setzt. Ich verspüre beim Anhören von Musik ein Gefühl von Freiheit, oft singe oder tanze ich mit und bringe so meine Emotionen zum Ausdruck. Die Zwischenrufe der *Sammi 'ah* waren etwas Neues und Ungewohntes für mich. Ich finde, diese Art der Reaktion auf Musikstücke geht sehr zu Herzen und wirkt auf mich authentisch. Einige Menschen empfinden vielleicht ebenfalls eine gewisse Traurigkeit oder Betroffenheit bei manchen Stücken und weinen gelegentlich. Für mich bedeuten solche emotionalen Ausbrüche viel mehr als ein Applaus am Ende der Darbietung. Nach dem Hören einer Aufnahme in einer Vorlesung hat mich diese Art der Hörerreaktion fasziniert und berührt. Aus diesem Grund wollte ich bei der Vorbereitung der Ausstellung „Syrische Tonspuren in Würzburg" mehr über die *Sammi 'ah* erfahren und deren Kultur weiteren Menschen näherbringen. Dabei habe ich unter anderem versucht, die Definition der *Sammi 'ah* aus der Sicht eines *Sammi '* zu verbildlichen. Ich habe mir seine Ausführungen angehört und Bilder von Hörenden, Singenden oder Musizierenden den entsprechenden Textpassagen zugeordnet. Die Bilder unterstreichen die Worte des *Sammi '* und können beim Anschauen helfen, sich in seine Worte hineinzuversetzen, seine Worte nachzuvollziehen und nachzuempfinden.

Literatur

Becker, J. 2004. *Deep Listeners: Music, Emotion, and Trancing.* Bloomington: Indiana University Press.

Elias, N. 1976. *Über den Prozeß der Zivilisation. Soziogenetische und psychogenetische Untersuchungen.* Frankfurt: Suhrkamp.

Müller, S. O. 2006. Distinktion, Demonstration und Disziplinierung: Veränderungen im Publikumsverhalten in Londoner und Berliner Opernhäusern im 19. Jahrhundert. *International review of the aesthetics and sociology of music,* 37(2), 167-187.

Racy, A. J. 2003. *Making Music in the Arab World: The Culture and Artistry of Tarab.* Cambridge: Cambridge University Press.

Shannon, J. H. 2003. Emotion, Performance, and Temporality in Arab Music: Reflections on Tarab. *Cultural Anthropology* 18(1), 72-98.

Toelle, J. 2018. Applaus, in: Morat, D. und Ziemer, H. (Hg). *Handbuch Sound – Geschichte – Begriffe – Ansätze.* Stuttgart: J.B. Metzler Verlag, 178-182.

Wer bin ich?

Niro aka Abu Jmal

مين أنا؟

Von Lattakia in die Zellerau

Die Welt vom Mond beleuchtet...

TARAB DUB

Der Rapper Niro

Ein Kurzporträt

Sonja Hellwich

Syrische Rapper, auch Niro, bauten zwischen 2017 und 2020 ein Erkennungsmerkmal in ihre Tracks ein, um auf ihre Herkunft hinzuweisen. Die Zahlenfolge 963 bezeichnet die syrische Telefon-vorwahl. Oftmals hörte man, bevor der Text des Songs begann, „tesʾa, sita, thalatha". In einem YouTube-Video erklärt Niro den Grafitto an einer Wand hinter dem Würzburger Juliusspital.

963 SRY

Der aktuelle Diskurs über Rap ist oft negativ konnotiert. Die Rap-Szene wird verdächtigt, mit Kriminalität zu tun zu haben. Dazu tragen in nicht geringem Maß vulgäre, drogenverherrlichende, sexistische und homophobe Songtexte deutscher Rapper wie etwa Capital Bra, Kollegah oder Gzuz bei. Darunter gibt es einige Beispiele von Songs, die rasch nach ihrer Veröffentlichung von bekannten Streaming-Plattformen wie Spotify oder YouTube verbannt wurden. Als besonderes Negativbeispiel gilt der Rapper Gzuz, dessen Track „Was Hast Du Gedacht" (2018) von der Bundesprüfstelle für jugendgefährdende Medien indiziert wurde. Dass der Musiker auch nach mehrmaligen Verurteilungen weiter provokante Texte schreibt, gehört zum Geschäftsmodell des Gangsta-Rap.

Um vor allem Kindern und Jugendlichen zu signalisieren, dass Rap kritisch-konstruktive Aussagen transportieren und als Mittel eines positiven Empowerments benutzt werden kann, möchte der Rapper Niro zeigen, dass seine Kunstform sich von ihren Negativklischees emanzipieren kann. Im Rahmen der Ausstellung „Syrische Tonspuren in Würzburg" haben wir mit ihm über seine Vergangenheit und seine Musik gesprochen und ihn gefragt, auf welche Weise er Rap-Musik für pädagogische Zwecke nutzt.

Niro aka Abu Jmal ist der Künstlername von Mohammad Shekh Yousef. Mohammad verdankt dieses Pseudonym indirekt der amerikanischen Rap-Ikone Eminem. Im Jahr 2009 überzeugte er bei einem Auftritt in seiner Heimatstadt Lattakia mit dem Eminem-Stück „Lose Yourself" sein Publikum so sehr, dass es ihn spontan „Nero" nannte, nach dem Namen eines bekannten Programms zum Kopieren von CDs. Niro wurde in Abu Dhabi, der Hauptstadt der Vereinigten Arabischen Emirate, geboren und ist im syrischen Lattakia aufgewachsen. Wenige Kilometer von Lattakia entfernt liegt Ugarit (heute Raʾs Shamra), ein bronzezeitliches Handels- und Kulturzentrum. Bei Ausgrabungen im Jahr 1950 wurden dort Schrifttafeln gefunden, welche die ältesten Musik-Notationen, die hurritischen Hymnen, enthalten. Die Tafeln (heute im Nationalmuseum Damaskus), die auf das 13. vorchristliche Jahrhundert datiert werden, begreift Niro als Teil seiner kulturellen Identität. 2015 ist Niro nach Deutschland gekommen. Aktuell studiert er an der Julius-Maximilians-Universität Würzburg Lehramt für Mittelschule.

Mit Rap kam er in der Zeit vor dem Syrienkrieg das erste Mal in Berührung und war davon fasziniert. Zu diesem Zeitpunkt wollte er als Rapper auf die Bühne, wollte die schwierigsten Lines mit höchster Geschwindigkeit performen. Während des arabischen Frühlings vertiefte sich Niro dann in die Geschichte des Hip-Hops, der in den 1970er Jahren in der Bronx, einem Stadtteil der amerikanischen Metropole New York City, aus einer Ghetto-Szene mit Gewalt, Unruhen und Arbeitslosigkeit entstanden war (vgl. Rose 1994). Niro konnte hier Parallelen zu Syrien entdecken, denn auch dort sind Gewalt, Hungerlöhne und Unsicherheit Themen, welche die Gesellschaft und die seit 2011 in Land stattfindenden politischen Proteste prägen.

Die junge Rap-Szene in Syrien sei anfangs durch die Kriegszustände gespalten gewesen, sagt Niro. Es habe zwei konfligierende Richtungen gegeben, eine, die hinter der Regierung stand und für diese gerappt, und eine Gruppe von Musikern, die ihre Ablehnung der Regierung zum Ausdruck gebracht habe. Vor allem auch bei der älteren Generation sei das Genre nicht gut angesehen gewesen, was sich erst durch die Digitalisierung gebessert habe. Das Potential von Rap-Musik sei entdeckt worden, auch wenn die Musik weiterhin relativ unbekannt und gewöhnungsbedürftig für die ältere Generation sei.[1] Niro betont, dass syrischer Rap kein amerikanisches Importprodukt ist. Häufig bauen syrische Rapper ihre Musik auf der Basis von regionalen Musikkulturen auf. Dabei spielt der Künstlername eine signifikante Rolle. Der aus Damaskus stammende Rapper Bu Kalthoum erweist mit seinem Pseudonym der legendären ägyptischen Sängerin Um Kulthum (1904–1975) Reverenz; zudem spielt er auf den vorislamischen Dichter Amr ibn Kulthum (6. Jh. n, Chr.) an. Auch ein mittlerweile in Berlin lebender Rapper, der aus Homs stammende Al Darwish, wählte seinen Künstlernamen als Hommage an den ägyptischen Sänger und Komponisten Sayyed Darwish (1892–1923).

Eine bekannte ʿAtaba von Aliya al-Atrash. Sie heißt „Mein Herz auf dein Herz"

Niro sind neben den sozialen Umständen zur Anfangszeit des Hip-Hops und denen in Syrien weitere Parallelen aufgefallen. In einem Interview mit dem Ethnomusikologie-Master-Studenten Oscar Aquite berichtet Niro von der Tradition der poetischen Duelle mit improvisierten „ʿataba-Gedichten", bestehend aus meist vierzeiligen Strophen, die bei Hochzeiten, anderen Feiern, und auch bei der Arbeit gesungen werden.[2] Niro merkt dazu an: „Man kann Rap Battles und die Kombination von rhythmischen Beats und Poesie mit unserer ʿataba- Kultur vergleichen. Da stehen sich zwei Sänger gegenüber und fangen an zu dichten."

Niro: „Meen Ana", Official Videoclip

Niro schreibt seine Texte auf Arabisch, Englisch und Deutsch. In seinem Song „Wer bin ich?", den er 2019 produzierte, vermischen sich Bilder aus Deutschland mit Szenen aus Syrien. Das Musikvideo zeigt, wie er seinen Track in den Straßen von Nürnberg performt. In den arabischen Zeilen heißt es: „Wer sind wir? Was ist unsere Zukunft?" oder „Lass mich leben, lass mich Ich sein". Während dieser Partien sieht man syrische Kinder, die von ihren Berufswünschen sprechen. Ein zentraler Begriff ist für Niro Freiheit. Jeder Mensch habe das Recht auf Freiheit, das Recht auf ein Leben ohne Gewalt und ohne Unterdrückung. Ferner sei seine Musik von Migration geprägt. Sein neuestes Projekt ist der Song „Touyour" („Vögel"). Hier geht es um die Sehnsucht nach seinem Heimatland und die Erfahrung von Entwurzelung.

Während er früher aus einem ersten Impuls heraus für sich selbst gerappt habe, betont er heute die Vielfältigkeit von Rap. So macht sich der Lehramtsstudent zur Aufgabe, Kindern und Jugendlichen das Potential von Rap-Musik zu erschließen. Einen großen Nutzen sieht Niro gerade bei Schülern mit Migrationshintergrund, denn die Kombination von Text und Musik erleichtert es, eine Sprache zu erlernen. Niro vermittelt seine Erfahrungen im Unterricht und in Workshopformaten.[3] Auch im Rahmen unserer Veranstaltungsreihe hat er einen Workshop abgehalten, bei dem die Teilnehmer ein Verständnis für Reimschema, Beat und Rhythmus entwickeln und anschließend jeweils eine halbe Strophe schreiben konnten. Sein

---

1   Zu Hip-Hopkulturen in der arabischen Welt, mit Fokus auf palästinensischem Rap im Kontext von nationalem Konflikt und politischem Protest, vgl. McDonald 2013 und Swedenburg 2012.

2   Interview vom 15. Mai 2022. Zur Kultur der ʿAtabalieder vgl. Jargy 1978 und Kahle 1911.

3   Vgl. folgenden Beitrag über Niro's Rap-AG „Word Up", welche von der Bürgerstiftung Wüzburg gefördert an der Mönchbergschule stattfindet: https://www.vielefuerviele.de/vor-ort/word-up/

Erfahrungswissen, aus dem er lehrend schöpft, sieht Niro durch naturwissenschaftliche Forschungen bestätigt. Dass ein enger Zusammenhang besteht zwischen musikalischem Training und dem Sprachgedächtnis zum einen (Vgl. Chan et. al. 1998; Wong et. al. 2007), der Wahrnehmung von Rhythmus und dem Verständnis des Sprachflusses zum anderen (Vgl. Musacchia et. al. 2007; Patel 2011; Luo/Poeppel 2012), sind wichtige Forschungsgebiete der Neurowissenschaften in den letzten 20 Jahren.

Anfang 2022 hat Niro einen Workshop an der Mittelschule in der Zellerau gegeben, zu dem er folgendes schreibt (E-Mail vom 02.09.2022): „Gefühle äußern, Botschaften verbreiten, unterhaltsam und vernünftig mit Rap umgehen – so lautet das Motto unseres Rap-Projekts. Mir geht es an erster Stelle darum, die Lernmotivation der Schülerinnen und Schüler zu erhöhen. Deshalb versuche ich mithilfe der Rap-Musik vom traditionellen Grammatikunterricht wegzukommen und ihn lebendiger zu gestalten. Hier wird mit allen menschlichen Sinnen gearbeitet, denn gerade die Arbeit mit Musik bietet multisensorische Möglichkeiten. [...] Durch Rap-Musik erleben die Schülerinnen und Schüler die deutsche Sprache vom Hörverstehen bis zum Schriftlichen auf eine unterhaltsame und motivierende Weise. Dadurch wird ihre Fantasie angeregt und somit werden auch ihre intrinsische sowie extrinsische Motivation gestärkt. Darüber hinaus besteht meine Rolle als angehender Pädagoge darin, meinen Schülerinnen und Schülern die Fähigkeit zu vermitteln, sich mit diesem Musikgenre kritisch auseinanderzusetzen. [...] Ich hatte einen Schüler, der sehr schüchtern war und nicht an einem Auftritt teilnehmen wollte, was ja auch verständlich ist. Zum Glück konnte ich ihn überzeugen, einen Rap-Song vor der ganzen Schule mit seinen Klassenkameraden aufzuführen. Nach dem Auftritt ist er viel aufgeschlossener geworden und hat auf der emotionalen, sowie auf der sprachlichen Ebene große Fortschritte gemacht."

Literatur

Chan, A., Ho, Y. C. und Cheung, M. C. 1998. Music training improves verbal memory. *Nature* 396, 128. https://doi.org/10.1038/24075

Geninah, F. 2020. Syrian Rapper Bu Kolthoum Serves Smooth and Sombre Soul in Latest Track 'Ma Ba'ref'. *Scene Noise*, 31. 5. 2020. https://scenenoise.com/New-Music/syrian-rapper-bu-kolthoum-serves-smooth-and-sombre-soul-in-latest-track-ma-baref

Jargy, S. 1978. The Folk Music of Syria and Lebanon. *World of Music* 20(1), 79-92.

Kahle, P. 1911. Zur Herkunft der ʿAtāba-Lieder. *Zeitschrift des Deutschen Palästina-Vereins* 34(4), 242-244.

Patel, A. D. 2011. Why would musical training benefit the neural encoding of speech? The OPERA hypothesis. *Frontiers of Psychology* 2, 142.

Luo, H. und Poeppel, D. 2012. Cortical oscillations in auditory perception and speech: Evidence for two temporal windows in human auditory cortex. *Frontiers of Psychology* 3, 170. https://doi.org/10.3389/fpsyg.2012.00170

McDonald, D. 2013. *My Voice is My Weapon: Music, Nationalism, and the Poetics of Palestinian Resistance*. Durham: Duke University Press.

Musacchia, G., Sams, Skoe, M.E. und Kraus, N. 2007. Musicians have enhanced subcortical auditory and audiovisual processing of speech and music. *Proceedings of the National Academy of the Sciences USA* 104, 15894–15898.

Rose, T. (1994). *Black Noise: Rap Music and Black Culture in Contemporary America*. Hanover, N.H. Wesleyan University Press.

Swedenburg, T. 2012. Palestinian Rap: Against the Struggle Paradigm, in El Hamamsy, W. und Soliman, M. (Hg.) *Popular Culture in the Middle East and North Africa: A Postcolonial Outlook*. New York: Routledge, 17-32.

Wong, P. C., Skoe, M. E., Russo, N. M., Dees, T. und Kraus, N. 2007. Musical experience shapes human brainstem encoding of linguistic pitch patterns. *Nature Neuroscience* 10, 420–422. https://doi.org/10.1038/nn1872

Yaman, A. 2017. Meet the Syrian rappers revolutionizing Arabic hip hop. Rapping about identity, oppression and culture. *Stepfeed*, 26. 3. 2017. https://stepfeed.com/meet-the-syrian-rappers-revolutionizing-arabic-hip-hop-4430

Lernen mit Rap

**Ein Plädoyer für den pädagogischen Einsatz von Hip-Hop
am Beispiel von Projekten an zwei Würzburger Schulen**

Mohammad Shekh Yousef (Niro)

Laut der Internet-Plattform YPulse ist die Zahl der Jugendlichen, die Hip-Hop/Rap hören, in den letzten fünf Jahren deutlich gestiegen, wobei Rap 2021 die beliebteste Musikrichtung bei den befragten Jugendlichen geworden ist (YPulse 2022). Die Eigenschaften von Rap sind attraktiv, weil er mit Jugendsprache agiert und unkompliziert zu konsumieren ist. Verglichen mit Texten anderer Musikrichtungen haben Rap-Texte durch ihre Länge ein höheres Potential, den Rezipienten zu erreichen und anzusprechen.

Musikalisch sozialisiert bin ich durch meinen Vater, der in Abu Dhabi, der Hauptstadt der Vereinigten Arabischen Emirate, wo ich geboren bin, als Musiklehrer gearbeitet und später in Syrien Lehramtsstudenten Musik beigebracht hat. Mit Rap kam ich zum ersten Mal als Jugendlicher in Berührung. Er sprach mich sofort an und hat im Folgenden meine Persönlichkeitsentwicklung in hohem Maß geprägt. Anfangs imitierte ich die berühmten Rapper der Zeit und rappte die Songs nur phonetisch, ohne sie zu verstehen (denn Arabisch ist meine Muttersprache und mein English war damals noch nicht so gut). Anschließend lernte ich Englisch und begann, die Song-Texte aufzuschreiben und auswendig zu lernen, was mir wiederum enorm beim Erlernen des Englischen half. Darüber hinaus beschäftigte ich mich mit der Geschichte des Rap, weil ich vieles aus der Entstehungsgeschichte des Hip-Hops mit der Lebenssituation in meinem Heimatland Syrien vergleichen konnte. In den musikalischen Wurzeln und der Entwicklung des Rap lassen sich viele Aspekte von Identitätsfindung und Empowerment finden. Bestand der Rap anfangs mehr aus einfachen Lyrics, machte er zunehmend politische, gesellschafts- oder sozialkritische Aussagen. Mit einem solchen intelligenten oder politischen Rap konkurriert bis heute der sogenannte Gangsta-Rap. Dieser zeichnet sich vor allem dadurch aus, dass er soziale Missstände im Blickfeld hat und sich bei deren Interpretation aggressiver Ausdrucksformen und diskriminierender bzw. obszöner Aussagen bedient.

Es gibt keine Musikrichtung, die in ihrer Sprache so explizit ist wie Rap. Das ist nicht ungefährlich, vor allem beim Gangsta-Rap, dessen Texte für junge Hörer nicht geeignet sind (vgl. Carus et. al. 2016).[1] Erfahrungsgemäß werden gerade solche Songs von den Jugendlichen am meisten konsumiert. Dramatisch ist die Situation heute insofern, als es einfacher denn je ist, nicht nur Songs, sondern auch Videos kostenlos im Internet zu rezipieren. Junge Menschen konsumieren multisensorisch und werden mit pornografischen und anstößigen Inhalten bombardiert.[2] In öffentlichen Debatten wird dies von vielen mit dem Argument akzeptiert, dass Rap gesellschaftlich relevante Themen aufgreift und die Brutalität der Straße so widerspiegeln sollte, wie sie sei.

---

1   Ebd., S. 18: „Die pornographischen Texte sind schwer jugendgefährdend gemäß § 15 Abs. 2 Nr. 1 JuSchG [Jugendschutzgesetz]. Sie rücken sexuelle Vorgänge in grob aufdringlicher Weise in den Vordergrund und transportieren die Botschaft, dass die Maximierung sexuellen Lustgewinns das einzige menschliches Dasein beherrschende Ziel sei. Frauen wird lediglich die Rolle eines jederzeit sexuell verfügbaren, auswechselbaren Objekts zugedacht. In vielen Textpassagen werden Frauen in derber Form nach ihren Geschlechtsteilen benannt".

Das Problem liegt m.E. genau hier, denn das Reflektieren gesellschaftlicher Probleme sollte verantwortungsvoll, zielgerichtet und kritisch gehandhabt werden, indem entsprechende Präventionsmaßnahmen zu ihrer Vermeidung ergriffen werden. Dies kann durch einen angemessenen Umgang mit Rap erreicht werden. In meiner Rolle als Rapper habe ich die Verantwortung, qualitativ hochwertige Musik zu produzieren, die für alle Altersgruppen geeignet ist, und in der Rolle als angehender Lehrer muss ich meinen pädagogischen Auftrag ernst nehmen und dafür sorgen, dass meine Schüler einen vernünftigen und reifen Zugang zu diesem Musikgenre bekommen. In diesem Zusammenhang ist es von großer Bedeutung, Subgenres wie Gangsta-Rap in der Schule nicht zu ignorieren, sondern gezielt zu thematisieren. Der Erziehungs- und Bildungsauftrag der Schule besteht gerade auch auch darin, drogen- und gewaltverherrlichender und sexuell diskriminierender Musik pädagogisch entgegenzuwirken. Bedauerlicherweise ist dieses Thema, das einen großen Einfluss auf die Schüler hat, im Bayerischen Lehrplan der Mittelschule überhaupt nicht vorgesehen.

Hip-Hop im Klassenzimmer

Es gibt etliche Gründe, die für die Einbeziehung von Hip-Hop in das Curriculum sprechen. Dies erfordert allerdings mehr Forschung und eine entsprechende curriculare Konzeption. Ein wichtiger Aspekt ist zum Beispiel die Klassenkontrolle: Viele Rapper können bei ihren Konzerten ein Publikum von mehreren tausend Menschen kontrollieren. Ein anderer wichtiger Aspekt ist die Vermittlung eines bewussten und vernünftigen Umgangs mit Raptexten, durch den die Schülerinnen und Schüler dazu befähigt werden, geeignete von unangemessenen Songs unterscheiden zu können. Eine wichtige Zielsetzung ist zudem die Förderung der Wertschätzung anderer Kulturen. Ein gutes Beispiel positiven Raps bietet diesbezüglich der frühe Song „The Message" (1982) von *Grandmaster Flash & the Furious Five*, der eine breite Wirkung entfaltete. Er vermittelte einen guten Einblick in das Stadtleben von Metropolen und war der erste Rap-Song, in dem es nicht um eine Party ging und nicht nur darum, Spaß zu haben. Es handelte sich um einen rein sozialpolitischen Song.

Wie schaffen wir Möglichkeiten für junge Menschen, sich in unseren Klassenzimmern sozial und politisch zu engagieren und ihre Stimme zu nutzen, um gegen unterdrückerische Bildungssysteme und Strukturen und inakzeptable Dinge, die in der Gemeinschaft geschehen, vorzugehen? Hip-Hop gibt nicht nur Jugendlichen die Möglichkeit, besser mit ihren Lehrern und dem Lernstoff zu interagieren, sondern ermöglicht den Lehrkräften, ein besseres Verständnis für ihre Schülerinnen und Schüler zu erlangen. Die Schülerinnen und Schüler haben untereinander meist eine stärkere Bindung und verstehen sich oft gegenseitig. Die Bindung zwischen Lehrern und Schülern dagegen ist generationsbedingt schwächer. Durch die Hip-Hop-Pädagogik kann aber eine schwache Bindung zu einer starken Bindung werden, weil die Lehrkraft die Jugend- und Hip-Hop-Kultur nutzt, um das Engagement der Schülerinnen und Schüler zu steigern. Rap-Musik kann hier auf vielfältige Weise in den Unterricht integriert werden. Zum einen eignet sich Rap als Zusatz- und Vertiefungsmaterial zum Lernstoff. Zum anderen kann man Rap selbst zum Unterrichtsgegenstand machen, bei dem soziale Themen behandelt werden. Im Folgenden werden kurz einige meiner Methodenvorschläge und Beispiele für den pädagogischen Einsatz von Rap-Musik zur positiven Beeinflussung und Anregung von Jugendlichen vorgestellt.

Es ist vielleicht wichtig zu erwähnen, wie ich als in Deutschland lebender syrischer Rapper und angehender Lehrer Rap-Musik nutze und welche Einsatzmöglichkeiten und Chancen ich darin sehe. Wenn mir früher jemand gesagt hätte, dass ich Rap und Schule miteinander kombinieren kann, hätte ich ihn ausgelacht, denn ich komme aus einer Kultur, die Rap nicht schätzt oder teilweise auch verteufelt. Mittlerweile aber habe ich die ehrenvolle Aufgabe, neben meinem Lehramtsstudium Rap-Projekte an zwei Würzburger Schulen zu leiten, die für unterschiedliche Zwecke konzipiert sind. Darüber hinaus biete ich immer wieder Workshops für diverse Zielgruppen an.

Projekt 1 an der Mittelschule Zellerau

Vor Beginn meiner Tätigkeit stand ich vor vier grundlegenden Fragen: Was mache ich mit den Schülerinnen und Schülern? Welche Ziele möchte ich mit ihnen erreichen? Welche Kompetenzen soll ich fördern? Mit welchem Schwerpunkt soll ich meinen Unterricht anbieten? Da im Bayerischen Curriculum der Mittelschule (LehrplanPLUS) keine konkreten Angaben zur Rap-Musik stehen, fiel es mir schwer, diese Fragen zu beantworten. Deshalb war es für mich dringend notwendig mit dem Schulleiter darüber zu sprechen. Er stellte es mir frei, die Ziele und den Rahmen meines Projektes selbst festzulegen, was mich zunächst etwas verunsicherte.

Im Laufe des Schuljahres 2021/22 wurde ich hinsichtlich der Projektziele flexibler. Am Anfang standen für mich das Musizieren und die Produktion eines gemeinsamen Rap-Songs im Vordergrund. Ich wollte aber nicht irgendeine stilistische Schublade des Rap präferieren, weil ich glaube, dass im Rap generell ein großes pädagogisches Potential steckt. Deshalb suchte ich nach vielfältigen Einsatzmöglichkeiten von Rap-Musik. Durch den wöchentlichen und direkten Kontakt mit meinen Schülerinnen und Schülern und durch deren Beobachtung wurden andere Schwerpunkte wichtiger. Mir fiel auf, dass die meisten meiner Schülerinnen und Schüler nur Gangsta-Rap hören, was für ihr Alter bedenklich ist. Daher liegt der Fokus in dieser Gruppe zunächst mehr auf der Songanalyse, um das kritische Denken anzuregen und eine angemessene Auseinandersetzung mit problematischen Themen zu ermöglichen. Zum anderen beschäftigen wir uns mit der Geschichte und dem Performen von Rap. Am Ende kristallisierte sich das Motto des Projekts heraus: „Gefühle äußern, Botschaften verbreiten, Themenreflexion und unterhaltsam und vernünftig mit Rap umgehen".

Rap-Musik stellt nach meinem Verständnis nicht nur Zusatzmaterial dar, das einen attraktiven, abwechslungsreichen und spielerischen Ansatz für den Unterricht bietet, sondern sie sollte als eigenständiges Fach betrachtet werden. Um das deformierte Image von Rap bei den Jugendlichen zu ändern, zeige ich ihnen regelmäßig Songs, die wichtige Botschaften vermitteln. Zusätzlich lasse ich meine Schülerinnen und Schüler anstatt eines klassischen Battle-Rap, das sich oft beleidigender oder diskriminierender Texte bedient, ein Kompliment-Rap-Battle durchführen.

Projekt 2 an der Mönchbergschule: „Deutschlernen – Mit Rap? Aber wie?"

In Rahmen meines Projekts an der Mönchbergschule geht es mir in erster Linie darum, die Motivation und Freude am Deutschlernen vom Hörverstehen bis zum Schreiben bei den

Schülerinnen und Schülern zu steigern. Deshalb versuche ich mithilfe der Rap-Musik vom traditionellen Grammatikunterricht wegzukommen und ihn lebendiger zu gestalten. Hier wird mit allen Sinnen gearbeitet, denn gerade die Arbeit mit Musik bietet multisensorische Möglichkeiten. Es wird viel diskutiert und geschrieben und mit Rhythmen und Reimen gearbeitet. Dadurch wird ihre Fantasie angeregt, was ihre intrinsische und extrinsische Motivation stärkt.

Darüber hinaus besteht meine Rolle als angehender Pädagoge darin, meinen Schülerinnen und Schülern die Fähigkeit zu vermitteln, sich mit Rap kritisch auseinanderzusetzen. Die Schülerinnen und Schüler sollen verstehen, dass Vieles, was sie in der deutschen Rapszene hören, nicht akzeptabel ist. Ich bemühe mich ihnen zu erklären, dass Rap-Musik im New Yorker Stadtteil Bronx als Apell gegen Gewalt, Arbeitslosigkeit und für mehr Freiheit entstanden ist.

Die folgenden von mir erstellten Arbeitsblätter hinterließen bei den Schülerinnen und Schülern einen positiven Eindruck. Sie sollten zum Schreiben anregen und als Ankerpunkt dienen.

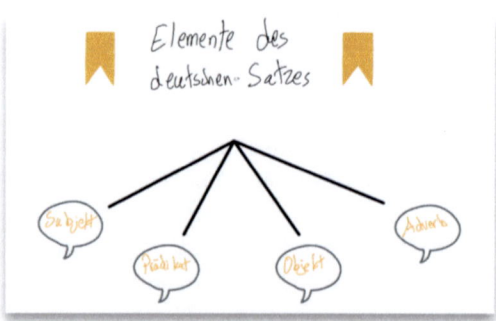

Abb. 1–3: Arbeitsblätter. 1 (links): Elemente des deutschen Satzes. – 2 (unten): Grammatik in Rap-Form. – 3 (rechts oben): Aufbau von Hook und Bar.

Rap Worksheet

Hook=Refrain
In der Regel 4 Takte, die zweimal wiederholt werden, manchmal aber auch mehr oder weniger
Kann gerappt oder gesungen werden. Er betont den Hauptgedanken/das Thema des Liedes

Bar=Verse
Die meisten Lieder enthalten 2-4 Strophen, wobei sich das letzte Wort jeder Zeile reimt.
Eine Strophe besteht normalerweise aus 16 Takten.

Höre dir den Beat an! Achte darauf, dass die von dir gewählten Wörter in den von dir gewählten Takt passen! Klopfe mit deiner Hand auf den Beat und halte sie konstant! Achte darauf, dass die Wörter passen!

Thema deines Raps:
_____

Brainstorming zu Reimwörtern
_____
_____
_____

Gleichnisse oder Metaphern, die du verwenden könntest
_____
_____
_____

Beginne mit dem Hook! (Zeilen A sollte sich reimen, Zeilen B sollten sich reimen)
A_____
A_____
B_____
B_____

Strophe 1: (Zeilen C sollte sich reimen, Zeilen D sollten sich reimen; dasselbe gilt für E und F)
C_____
C_____
D_____
D_____
E_____
E_____
F_____
F_____

Wiederhole den Hook hier!
A_____
A_____
B_____
B_____

Strophe 2: (Zeilen G sollte sich reimen, Zeilen H sollten sich reimen; dasselbe gilt für I und J)
G_____
G_____
H_____
H_____
I_____
I_____
J_____
J_____

Projekt 3: Workshop „Rap ist meine Sprache"

In Zusammenarbeit mit dem Ausländer- und Integrationsbeirat der Stadt Würzburg konzipierten wir 2022 einen Workshop für Jugendliche mit Fluchterfahrung, die spezielle Bedürfnisse haben. Unter den Teilnehmerinnen und Teilnehmern waren Jugendliche, die unter den Folgen von Krieg und Flucht leiden und mit psychischer Belastung zu kämpfen haben. Die Ziele dieses Workshops wichen von den Zielen der oben erläuterten Projekte ab. Der Fokus war mehr auf die psychische Unterstützung und die Persönlichkeit der Teilnehmenden gerichtet, um ihnen die Möglichkeit zu geben, ihre Emotionen mit Hilfe und in Form von Raptexten auszudrücken. Darüber hinaus setzten sich die Teilnehmer mit ihren Unsicherheiten und Ängsten auseinander und versuchten, durch Rap-Musik einen Weg zu finden, ihren psychischen Stress konstruktiv zu verarbeiten. Die Wirkung von Musik auf das Gehirn und die Psyche wurde schon oft wissenschaftlich untersucht und belegt. „Folgerichtig wird Musik heutzutage gezielt in der Medizin eingesetzt. Insbesondere bei therapeutischen Maßnahmen in der Psychiatrie oder in der Schmerztherapie, aber auch in der Rehabilitation von Schlaganfall- oder Alzheimerpatienten. Speziell bei der Behandlung von psychosomatischen Symptomen können mithilfe der emotionalen Wirkung von Musik beachtliche Erfolge erzielt werden".[2]

In diesem Workshop gehört es zum Konzept, selbst Themen auszuwählen und in der eigenen Herkunftssprache schreiben zu können. Die Workshops werden überwiegend auf Deutsch gehalten, und durch meine Arabisch- und Englischkenntnisse kann ich die Jugendlichen beim Schreiben unterstützen. Zum Beispiel gelang es so einem Jugendlichen, einen Text über seine Träume zu schreiben. Ein anderer Jugendlicher aus der syrischen Stadt Aleppo, die im Krieg zu 70 Prozent zerstört wurde, schrieb über seine schrecklichen Kriegs- und

2   [o.A./o.D.]. Der Einfluss der Musik auf Körper, Geist und Seele.

Fluchterfahrungen. Beide Texte waren extrem emotional aufgeladen und wurden auf Arabisch vorgetragen.

Ich habe mich bemüht, den Rap präventiv einzusetzen, um den Teilnehmenden zu helfen, in ihrem neuen Land Deutschland Hoffnung zu finden und ihre Finger von Drogen zu lassen. Da diese Jugendlichen häufig emotional sehr instabil waren, habe ich versucht, ihre negativen Einstellungen durch positive Erfahrungen zu ersetzen, um Probleme besser erkennen und vor allem beheben zu können. Denn ohne die eigenen Gefühle zu verstehen, ist es schwer, Probleme wahrzunehmen. Rap-Songs können dabei helfen, Gefühle zu verstehen und entsprechend darauf zu reagieren.

Projekt 4: Rap-Musik bei TEFL (Teaching English as a Foreign Language)

Bei der Beschäftigung mit Fremdsprachen stellen sich für mich zwei Fragen: Welchen Beitrag leistet Musik beim Erlernen neuer Fremdsprachen? Und welche Art von Musik eignet sich am besten für den EFL-Unterricht (English as a foreign language)? Diese Fragen werden je nach Präferenz der Lehrkräfte beantwortet. Ich versuche hier meine Annahme zu begründen, dass Rap-Musik unter vielen anderen Musikgenres am besten für den Fremdsprachenunterricht geeignet ist, und zwar aus mehrerlei Gründen. Durch die Verwendung von Original-Rap kann man traditionelle Lehrmethoden beim Lesen und Schreiben unterstützen und den Stoff durch die populäre Musikform attraktiver gestalten. Rap-Songs eignen sich hervorragend zum Üben der Aussprache und des Sprachgebrauchs, denn das flüssige Sprechen gehört zu den wichtigsten Fähigkeiten bei der Kommunikation in einer Fremdsprache. Letztere erfolgt durch unbewusste Verwendung von Morphemen, was eine gute Technik für das Sprechen ist. Beim „Sound Morphing" werden mehrere Wörter zu einem Satz zusammengefügt, sodass es so aussieht, als ob man nur ein Wort sagen würde (Hörner 2017). Muttersprachler tun dies auf natürliche Weise, während Sprachanfänger noch Schwierigkeiten beim Verstehen und Reproduzieren haben. Rap-Songs sind hierfür geeignet, weil bei ihnen der Fokus eher auf der Wort- und Satzbetonung liegt als auf einer melodischen Akzentuierung.

Darüber hinaus hat die Forschung festgestellt, dass Rhythmus, der für Rap-Musik besonders charakteristisch ist, dazu beiträgt, dass das Gelernte leichter verarbeitet und abgerufen werden kann. Juliane Lensch (Universität Gießen) betont, dass das Erlernen einer Fremdsprache mit Musik leichter fällt, und dass die Idee dahinter nicht neu ist: "Fremdsprachen lernen sich leichter durch das Singen von Liedern – oder auch durch das Sprechen von metrischen Texten wie beispielsweise Gedichten" (Lensch 2010, 263). In ihrem Beitrag zum Buch „Der Einsatz von Musik und die Entwicklung von Audio Literacy im Fremdsprachenunterricht" spricht Carolin Seitz über die positiven Auswirkungen des Songwritings bei der Reproduktion von Fremdsprachen und darüber, wie Lieder dazu beitragen, den Wortschatz zu erweitern: „Die Wörter werden zwangsläufig oft wiederholt z. B. beim Singen. Die Musik akzentuiert die Worte rhythmisch und melodisch und dient als Erinnerungsstütze. Die Worte sind in einen für die Schüler und Schülerinnen bedeutungsvollen Sinnzusammenhang eingebunden" (Seitz 2010, 186).

Am wichtigsten ist jedoch, dass Rap leicht reproduzierbar ist. Während das Musizieren auf Musikinstrumenten jahrelanges Training beansprucht, ehe sie gut gespielt werden können, benötigt man für Rap zunächst nur die eigene Stimme und Schreibkenntnisse. Nicht zuletzt auch ist Rap im Klassenzimmer ressourcen- und kosteneffizient. Alles, was man dazu braucht, sind Bleistift, Papier – und vor allem Fantasie.

In einem Workshop gelang es meinen Schülerinnen und Schülern folgenden Text zu den Hauptelementen des englischen Satzes zu schreiben:

A **Noun** tells us always exactly,
Who does something, whether it, he or she
And what is done, what happens,
The **Predicate** tells us that without distraction
No sentence exists without these two,
But there are often other elements too
The **Object** should not be forgotten
We need it basically everywhere, quite often
But it is not that bad if we forget it indeed
The meaning of the sentence will still be complete
Adjectives are important as well
They always describe a person or thing
We are very smart as you can tell
You can see us smart; you can see us queens and kings
Adverbials are very flexible, not independent
They can be anywhere in a sentence
They tell us about place, time, and manner
Of an action we do, because it does matter

Aufgrund seiner Vielseitigkeit ist Rap eines der flexibelsten Musikgenres und eignet sich für Hör-, Gesangs- und Schreibübungen. Rap-Songs können zur Einführung neuer Themen verwendet werden oder aber selbst im Mittelpunkt stehen. Da Rap bei Schülerinnen und Schülern beliebt ist, kann er sie in authentische Diskussionen einbeziehen. Aufgrund der obszönen Sprache vieler populärer Rap-Songs ist es wichtig, pädagogische Maßnahmen zu ergreifen, um den Jugendlichen einen kritischen Umgang mit dieser Musikgattung zu vermitteln. Im Bayerischen Lehrplan (LehrplanPLUS) wird Rap-Musik noch zu wenig beachtet. Um dies zu ändern, müssen allgemeine Rahmenbedingungen für die Integration von Rap-Songs in den schulischen Kontext formuliert werden. Zugleich ist weitere Forschung erforderlich, um den Nutzen von Rap-Songs für den Deutsch- und Englischunterricht zu ermitteln, insbesondere um das Verständnis der Schüler von deutschen und englischen Rap-Songtexten besser zu erfassen.

Literatur

Blell, G., Kupetz, R. (Hg), 2010. *Der Einsatz von Musik und die Entwicklung von Audio Literacy im Fremdsprachenunterricht*, Frankfurt am Main u.a.: Peter Lang.

Carus, B., Hannak-Mayer, M., Staufer, W. 2016. *Hip-Hop-Musik in der Spruchpraxis der Bundesprüfstelle für jugendgefährende Medien (BPjM) – Rechtliche Bewertung und medienpädagogischer Umgang mit 20 Fragen und Antworten zu gesetzlichen Regelungen und zur Medienerziehung*. Bundesprüfstelle für jugendgefährende Medien, Godesberg: Forum Verlag Godesberg. https://www.bzkj.de/resource/blob/129476/157ac10f1f60cfbd2eaa4c4581ffec50/bpjm-thema-hip-hop-data.pdf

Hannoversche [Redaktion, ohne Datum] Der Einfluss der Musik auf Körper, Geist und Seele. *Hannoversche*, https://www.hannoversche.de/wissenswert/einfluss-musik-wohlbefinden

Hörner, F. 2017. Rap, orale Dichtung und Flow. In: Gess, N., Honold, A. (Hg). *Handbuch Literatur und Musik*, Berlin/NewYork: DeGruyter, 566–576.

Lavoie, A. 2022 (10.05.). 22 Rap Genres That Define the Evolution of Rhyme and Beat. *LANDR Blog*, 10.05.2022, https://blog.landr.com/rap-styles/

Lensch, J. 2010. Rap im Französischunterricht auf der Basis einer sich wandelnden Lernkultur. In: Blell/Kupetz 2010, 263-273.

Seitz, C. 2010. Songwriting im bilingualen Musikunterricht. In: Blell/Kupetz 2010, 179–190.

YPulse. 2022 (24.08.) This Has Rapidly Become Gen Z's Top Music Genre. *YPulse*, https://www.ypulse.com/article/2021/11/16/this-has-rapidly-become-gen-zs-top-music-genre/

INTERVIEWS

„… er führt seine Kirche im Auto mit sich!"

Die melkitische Gemeinde aus Syrien und ihr Priester in Deutschland

Ein Interview mit Guilnard Moufarrej

Prof. Dr. Guilnard Moufarrej ist Ethnomusikologin, spezialisiert auf Musik in der arabischen Welt und ihrer Diaspora. Sie lehrt an der United States Naval Academy (USNA) Annapolis, Maryland. Geboren und aufgewachsen ist sie im Libanon. Zu ihren Forschungsinteressen gehören u.a. die Liturgie der christlichen Kirchen des Nahen und Mittleren Ostens, die Rolle von Musiktherapie im Rahmen des Syrienkriegs sowie die Verwendung von Musik als pädagogisches Mittel zum Erlernen des Arabischen. Vom Wintersemester 2021 bis zum Sommersemester 2022 war sie als Gastwissenschaftlerin am Lehrstuhl für Ethnomusikologie am Institut für Musikforschung der Universität Würzburg tätig. Mit uns sprach sie über ihr Forschungsjahr in Würzburg, insbesondere über ihre Arbeit mit der melkitisch griechisch-katholischen Kirche, die über eine Million Gemeindemitglieder hat. Von diesen leben mittlerweile einige Tausend in Deutschland.[1]

Wie bist du zu deinem aktuellen Forschungsprojekt gekommen?

Ich verfolge die Ereignisse in Syrien, den Konflikt. Mich interessiert dabei vor allem die Rolle, die Musik für syrische Kinder spielt. Also begann ich, zu „musikalischen Interventionen" unter syrischen Kindern in Flüchtlingslagern im Nahen Osten zu forschen. Viele bezeichnen es als „Musiktherapie", ich bevorzuge den Begriff „musikalische Interventionen". Bekanntlich kann Musik in solchen krisenhaften Situationen eine große Hilfe sein. In meinem Forschungsjahr in Würzburg widme ich mich Syrer:innen, die seit 2015 nach Europa gekommen sind. Ich möchte wissen, wie sich Neuankömmlinge – zunächst waren viele von ihnen Geflüchtete, jetzt nennen wir sie vielleicht eher Migrant:innen – in einer ganz anderen Umgebung und Kultur niederlassen. Dabei interessiert mich vor allem, welche Rolle Musik bei ihrer Integration spielt und was sie zu einem wechselseitigen Verständnis zwischen den Neuankömmlingen und den Menschen aus dem Gastland beitragen kann. Die meisten Syrer:innen kamen 2015 und 2016 nach Deutschland, nachdem das Dubliner Abkommen geändert worden war. Nach der polnischen und der türkischen bildet nun die syrische die drittgrößte migrantische Bevölkerungsgruppe in Deutschland.

Auf welche Gruppen konzentriert sich deine Forschung in Deutschland?

Meine erste Begegnung hatte ich mit ein paar Jugendlichen, die ich in der Straße antraf, in der ich wohne. Wir schlossen eine Art Freundschaft, wir bauten eine Beziehung zueinander auf. Musik war für mich ein Weg, in ihr Leben einzutreten. Wenn ich fragte: „Welche Musik hört Ihr?", redeten sie gerne mit mir. Ein einfacher Weg, sie zu erreichen, war ihre Muttersprache Arabisch, die auch ich spreche. Sie erzählten mir verschiedene Geschichten und so erfuhr ich, welche Traumata sie erlitten hatten. Auch wenn sie es manchmal verbargen oder nicht zugaben:

1   Dieser Beitrag ist die überarbeitete Version eines im Juni 2022 geführten Interviews, das original unter dieser Adresse abrufbar ist: https://www.youtube.com/watch?v=42P7sroFiJE.

Durch die Musik, die sie hören, konnte ich erkennen, dass sie viel Leid durchgemacht hatten. Musik hilft ihnen, ihre Gefühle oder das, was sie nicht wirklich sagen können, auszudrücken.

Wie hast du die melkitische Gemeinde kennengelernt?

Mich interessiert die Restrukturierung von Gemeinschaften. In Würzburg fand ich keine stabilen Gemeinschaften von Migrant:innen oder Geflüchteten, also suchte in ich an anderen Orten. So erfuhr ich von der Melkitisch griechisch-katholischen Kirche, einer religiösen Gemeinde, die sich in Deutschland gerade im Aufbau befindet. Die Mehrzahl ihrer Gemeindemitglieder, etwa eine Million, lebt in Syrien, dem Libanon, Israel/Palästina und Jordanien. Viele leben inzwischen auch in den USA, Australien und in Europa. Im Zuge des Syrienkriegs sind viele Anhänger dieser Kirche nach Deutschland geflohen. Im Gegensatz zu anderen östlichen Kirchen wie z.B. der syrisch-orthodoxen oder der griechisch-orthodoxen Kirche besitzt die melkitisch griechisch-katholische Kirche bislang kein eigenes Kirchengebäude in Deutschland. Als ich ihren Priester Mayas Abboud kontaktierte, erfuhr ich, dass er seine Kirche in seinem Auto mit sich führt!

Abboud wurde vom Oberhaupt seiner Kirche, dem Patriarchen von Antiochien, der seinen Amtssitz in Damaskus hat, beauftragt, sich um die Gemeinde in Deutschland zu kümmern und die erst kürzlich in Deutschland angekommenen Gemeindemitglieder ausfindig zu machen. Sie sind überall in Deutschland verstreut, daher ist es eine sehr schwierige Aufgabe für ihn, sie alle zusammenzubringen. Das Engagement, mit welchem er und die Mitglieder ihre Gemeinde aufbauen, begeisterte mich. Ich fragte mich, warum es für sie so wichtig ist, hier ihre eigene Kirche zu haben. Sie könnten als Katholiken doch auch der römisch-katholischen Kirche in Deutschland beitreten. Ich unterhielt mich mit Gemeindemitgliedern und begleitete Priester Mayas in seinem Auto zu den Orten, in denen er die Messe feiert, z.B. nach Wiesbaden und Gießen. An einem Sonntag oder Wochenende ist er im Norden, an einem anderen im Süden Deutschlands, um die Messe zu feiern. Die Menschen warten auf ihn und seine Liturgiefeier.

Für sie ist es sehr wichtig, in der Tradition zu beten, mit der sie aufgewachsen sind. Eine Frau sagte mir: „Wir bewahren eine der ersten christlichen Traditionen, wir haben vier Kirchenväter, die all diese Texte geschrieben haben. Wir möchten diese Tradition bewahren und sie an unsere Kinder weitergeben." Doch es geht um mehr als um die Bewahrung der Tradition, es geht auch um ihre Beziehung zu Gott. Diese Frau sagte nämlich, dass sie beim Beten mit Gott spreche und dass es ihr schwer fallen würde, im Gebet eine andere Sprache als ihre Muttersprache zu verwenden. Vor dem Hintergrund dessen, was die Gemeindemitglieder erlitten haben, wird das Beten und Singen zu einer Art Therapie und zu einem Teil ihres Wegs.

Wer gehört zur melkitischen Gemeinde?

Es gibt Christ:innen aus Syrien, die schon vor langer Zeit nach Deutschland gekommen sind. Sie sind schon 30 Jahre oder länger hier. Das sind wenige und sie besuchten bislang vor allem deutsche Kirchen. Die Neuankömmlinge kamen hauptsächlich 2015 und 2016. Manche von ihnen schlossen sich Familienmitgliedern an, die schon hier waren, was ihre Immigration ein wenig erleichterte.

Welche Rolle spielt die Liturgie für das Gemeindeleben?

Die Gemeindemitglieder kommen von Orten, an denen die Kirche Teil ihres täglichen Lebens war. Ihr Leben war auf die religiöse Praxis ausgerichtet. Diese versuchen sie hier wiederherzustellen. Das ist schwierig, aber es ist Teil ihrer Identität. Ich nahm zum Beispiel einmal an einem Wochenendtreffen einiger Familien teil – sie waren dabei, irgendwie alles neu zu erfinden. Es wurde gebetet und gesungen – ihre Spiritualität ist ihnen sehr wichtig. Aber es gab auch einen geselligen Teil, bei dem alle zusammen Lieder von zu Hause sangen.

Welche Rolle spielen die sozialen Medien im Leben der Gemeinde?

Wenn der Priester an einem Ort die Messe feiert, dann wird sie immer via Livestream auf Facebook und in den sozialen Medien übertragen. Die Menschen warten, schauen zu und nehmen online am Gottesdienst teil. Auch andere Versammlungen wurden bisher oft online abgehalten. Das ist eine weitere Möglichkeit, die Gemeinschaft zusammenzubringen. Die sozialen Medien haben vielen geholfen, mit ihrer Heimat, ihrer Kirche, ihrer Liturgie und ihren Familien in Verbindung zu bleiben.

Welchen Blick hat der Westen auf christliche Gemeinden im Nahen und Mittleren Osten?

Die Kirchen im Nahen Osten werden im Westen kaum wahrgenommen. Dabei hat aus ihrer Perspektive das Christentum bei ihnen seinen Anfang genommen. „Wir sind die Quelle, wir sind der Ursprung", denken sie, „wir kommen aus der Region, in der Jesus lebte und wirkte". Sie sind stolz darauf – und sie haben das Gefühl, dass die Menschen im Westen dem eher gleichgültig gegenüberstehen. Ein Grund für diese Ignoranz ist wohl die Komplexität der vielen dort ansässigen Kirchen. Es gibt die syrisch-orthodoxe Kirche (die später mit der römisch-katholischen Kirche uniert und Teil der syrisch-katholischen Kirche wurde), die griechisch-orthodoxe Kirche, die griechisch-katholische Kirche, die chaldäisch-katholische Kirche, die Maroniten und die koptische Kirche in Ägypten. Viele dieser Kirchen verwenden verschiedene Sprachen, z.B. Aramäisch, Griechisch, Koptisch, Surayt und Arabisch. Und sie unterscheiden sich trotz gewisser Ähnlichkeiten in ihren Riten. Da fällt es schwer, einen differenzierten Überblick zu erhalten.

Hat dir dein eigener kultureller Hintergrund bei deiner Forschung geholfen?

Ja. Als ich anfing, zur Liturgie der maronitischen Kirche zu arbeiten, hatte ich einen leichten Zugang, weil dies meine eigene Tradition ist. Ich kannte die Liturgie. In der melkitischen Kirche lerne ich gerade dazu, denn ihre Gesänge und Liturgie sind auch für mich etwas Neues. Ich hoffe, dass künftig mehr zu diesen vielfältigen Traditionen geforscht wird.

Mayas Abboud
singt Psalm 121

(Die Fragen stellte Clara Wenz.)

„Mein Punkt ist, dass kurdische Musik endlich anerkannt wird."

Ein Interview mit Hussien Mahmoud

Hussien Mahmoud lebt seit 2015 in Würzburg. Die Saz, eine Laute, die vor allem von Kurden in der Türkei und Syrien gespielt wird, lernte er schon in seiner Kindheit in seiner Heimatstadt Qamischli im Nordosten Syriens spielen. 2021 erhielt er den Kulturpreis der Stadt Würzburg und trat u.a. beim Straßenmusikfestival, am Neujahrsempfang, bei Kultur aus dem Hut, beim Jungen Hafensommer, sowie beim Kulturpicknick auf. Auch im Rahmen unseres Tonspuren-Projekts gab Hussien Einblicke in Geschichte und Spiel seines Instruments, so z.B. während des Eröffnungskonzerts am 7. Juni 2022, für das er u.a. gemeinsam mit Studierenden des Instituts für Musikforschung kurdische Lieder auf der Saz und der Gitarre einstudiert hatte. Mit uns hat er über die Anfänge seines Saz-Spiels in Qamischli, die verschiedenen Phasen seiner musikalischen Entwicklungen, die Bedeutung und das Verbot kurdischer Volksmusik in Syrien sowie seine musikalischen Erfahrungen in Deutschland gesprochen.

Wie bist du zur Saz gekommen?

Ich habe die Saz unter dem Namen „Tanbour" kennengelernt, so bezeichnen die syrischen Kurden das Instrument (in der Türkei wird der Name Bağlama verwendet, Saz heißt auf Persisch schlicht „Instrument"). Mein erstes Instrument habe ich bekommen, als ich fünf Jahre alt war, das muss im Jahr 1993 oder 1994 gewesen sein. Die Saz unseres Nachbarn war kaputt und mein Vater, der Lehrer und Handwerker war, hatte sie für ihn repariert. Dabei merkte mein Vater, dass ich das Instrument gern mochte und Lust hatte, es zu spielen, und so hat er mir eine Saz besorgt.

Und dann hast du dir das Spielen selbst beigebracht?

Genau, ich brachte mir alles selbst durch Kassetten und Fernsehen bei. Da wir an der Grenze zur Türkei wohnten, konnte man auch türkische Sender empfangen. Auf einem der offiziellen türkischen Sender wurde einmal pro Woche ein Saz-Konzert mit Orchesterbegleitung übertragen, das habe ich mir immer angesehen. Und es gab lokale Künstler, die auf Hochzeiten in Qamischli mit Keyboardbegleitung Elektro-Saz spielten. Von denen habe ich mir auch ein paar Sachen abgeschaut. Das waren Amateur-Spieler ohne akademische Ausbildung, die spielten einfache Stücke. Diese Stücke habe ich zu Hause nachgespielt – aber nur auf einer Saite. Die Künstler hatten alle ihren eigenen Stil, aber die Struktur der Musik war die gleiche.

Wie würdest du die Musik bezeichnen, die sie spielten?

Kurdische Volksmusik. Meistens waren das Stücke in Maqam *Bayati* oder *Ajam*, und im 6/8tel-Metrum, Jurjina (10/8) oder „Laff", einem 2/4-Metrum, Rhythmen also, die zum

„Zembîlfiroş",
Jurjina-Rhythmus

„Mala We li cem
mala me ye"

Tanzen passen. Daneben wurden auf Hochzeiten auch ruhigere Stücke gespielt, z.B. *Mawwals* (im Dialekt gesungene Lieder mit improvisierter Melodie), auch davon habe ich gelernt, z.B. wie man frei spielt. Danach kam die Phase, in der ich in Qamischli die Virtuosen zeitgenössischer kurdischer Musik entdeckte. Einer davon ist der Buzuk-Spieler, Sänger und Komponist Said Yousef (1947–2020), der eine moderne Richtung kurdischer Volksmusik entwickelt hat. Sein Stil hat mich inspiriert, daher habe ich seine Kompositionen für die Buzuk dann auf der Saz interpretiert. Dann gibt es auch noch Ciwan Haco (*1957), der auch aus Qamischli stammt, damals aber in Deutschland lebte. Er verband in seiner Musik traurige Lieder, die von kurdischer Geschichte erzählten, mit damaliger Hippie-Musik, dem Klang der E-Gitarre oder Rock'n'Roll. Das war eine Revolution im Bereich kurdischer Volksmusik und er erntete dafür von konservativen Musikern viel Kritik. Und schließlich gab es Mohammed Sheikho (1948–1989), der die kurdische Musik auch in eine moderne Richtung entwickelt hat. Alle drei Musiker stammen aus meiner Heimatstadt Qamischli. Ich habe ihre Musik durch Kassetten und auch durch meine Mutter kennengelernt, die ihre Stücke gesungen hat! In der kurdischen Kultur hört man viel Musik. Von ihr habe ich z.B. das Stück „Mala We li cem mala me ye" von Said Yousef gelernt.

Und welchen Raum hatte diese Musik in Syrien?

Die kurdische Musik, oder besser gesagt kurdisch-syrische Musik war leider komplett verboten. Wir spielten daher all diese Musik rein lokal, zuhause. Natürlich gab es das kurdische Neujahrsfest Newroz, das am 21. März gefeiert wird und an dem sich Kurden draußen im Freien zum Picknick treffen, grillen und Musik machen. Dort war Musik erlaubt, aber eben nur begrenzt, also nur Stücke, die nichts mit kurdischer nationaler Identität zu tun haben, die waren natürlich alle politisch verboten.

Aber es wurde trotzdem kurdische Musik gehört und gespielt?

Ja, aber nicht offiziell. Ein Konzert oder ein Kultur-Zentrum – das war alles nicht erlaubt. Die Lieder kurdischer Musiker wurden auf Kassetten geheim verbreitet, es gab Wohnzimmerkonzerte bei Menschen und natürlich wurden sie auf Hochzeiten gespielt, die fanden in meiner Zeit nicht in großen Sälen, sondern auf dem Dorf und auf der Straße statt. Aber auch für solch eine Hochzeit musste man eine Genehmigung von der Regierung bekommen, und es gab Bedingungen, was man spielen durfte. Wenn ein Künstler die kurdische Nationalhymne gespielt hätte, dann wäre er gleich im Gefängnis gelandet. Deshalb habe ich großen Respekt vor den Künstlern, die kurdische Musik unter diesen Bedingungen vorangetrieben haben. Viele von ihnen, z.B. Mohammed Sheikho, wurden verhaftet, und Ciwan Haco ist auch deshalb nach Deutschland geflohen, weil er seine Musik unter dem Regime in Syrien nicht entfalten konnte.

Wie und wo warst du selbst musikalisch aktiv?

In der nächsten Phase meines Lebens als Musiker begann ich, arabische Musik zu spielen. Mit sieben oder acht Jahren fing ich an, ägyptische Musik zu hören, mein Vater war ein großer Fan von sog. „Tarab-Künstlern" wie z.B. Um Kulthum (1904–1975), Zakkaria Ahmed (1896–1961), Riad al-Sunbati (1906–1981) oder Mohammed al-Qasabji (1892–1966), das waren großartige Komponisten und Künstler. Mein Vater brachte mir Kassetten, und ich spielte ihre Lieder auf der Saz. Diese Musik war unproblematisch, mit ihr konnte ich in der Grund- und Mittelschule und

Zakkaria Ahmed: „Ghanili shwaya shwaya"

später an der Uni öffentlich auftreten. In der 4., 5., und 6. Klasse gab es einen staatlichen, von der Schule organisierten Musikwettbewerb, da gewann ich drei Mal den ersten Preis als bester Saz-Spieler Syriens. Damals spielte ich die Lieder der libanesischen Sängerin Fairuz „Sa'aluni al-nas" und „Leylihi tirj'a ya leyl". Es gab die Rahbani-Brüder (Fairuz' Ehemann und sein Bruder), die für sie komponierten, und noch einen Komponisten, den ich genial fand: Filimun Wahbi (1918–1985). Er schrieb Lieder für Fairuz, die in eine andere Richtung gingen. Seine Lieder habe ich auf der Saz gespielt und den Wettbewerb gewonnen. Die Leute in Syrien lieben Fairuz und haben sich gefreut, dass ich ihre Musik auf der Saz spielte. Witzig ist allerdings, dass alle drei Male auf meiner Urkunde und der Medaille „bester Oud-Spieler" stand. Die haben nicht Saz-Spieler geschrieben – das war politisch nicht akzeptiert. Das war ein genialer Fehler, denn so konnte ich ab und zu auftreten, unter den Bedingungen, dass ich „arabische" Musik spiele. Auch in der Uni in Lattakia, wo ich Elektrotechnik studierte, habe ich ein paar Konzerte gegeben, u.a. mit Aktham Abou Fakher. Wir haben auch versucht, arabische Musik mit kurdischer Musik zu verbinden, aber ohne dass die Menschen das merken sollten. Dennoch gab es auch da Schwierigkeiten. Wir wurden z.B. gefragt, was wir gespielt haben usw. – aber das war harmlos.

Ist es für syrische Musiker normal, parallel zum Musikmachen einen Hauptberuf auszuüben?

Ja, das ist genauso wie hier. Es ist schwierig, mit Musik Geld zu verdienen. Und obwohl meine Eltern mich unterstützten, galt es in meiner Kultur als „peinlich", Musik zu machen. Man hielt Musiker für Menschen, die nicht „gebildet" sind, nur auf Hochzeiten spielen und die ganze Zeit saufen. Es galt kulturell fast als Schande, Saz zu spielen. Ich kann mich erinnern, dass ich kaum den Mut hatte, mit meiner Saz auf der Straße zu laufen, aus Angst, man würde mich auslachen und zu den Menschen zählen, die gesellschaftlich nicht als Künstler anerkannt sind, sondern als ungebildet gelten und von denen viele glauben, dass sie wie Straßenmusiker „Taschengeld" von der Straße empfangen. Das war das Bild des Musikers in unserer konservativen Kultur.

Welche musikalischen Anlaufstellen hattest du, als du nach Würzburg gekommen bist? Hat es lange gedauert, hier anzukommen?

Nein, das hat nicht lange gedauert. Ich war noch in der „Gemeinschaftsunterkunft für Asylbewerber", als ein Profimusiker kam, der herausfinden wollte, ob jemand von uns Musik macht. Ich habe ihm erzählt, dass ich Saz spiele. Er wusste nicht, was eine Saz ist. Da hat er einen Musiker mit arabischen Wurzeln gefragt und eine Saz besorgt. Sie haben dann gemerkt, dass ich gut spiele. Daraufhin habe ich angefangen, mit diesem Kollegen zu musizieren. Zuerst haben wir bei ihm zuhause geprobt, der Bassist Jonas Hermes kam dazu und dann noch ein Schlagzeuger. Die Gruppe nannte sich damals *Hussein Mahmoud Group*.

Welche Lieder habt ihr zusammen gespielt?

Die Lieder habe ich selbst komponiert. Ich habe anfangs gedacht, dass es schwierig für die Kollegen ist, mit Vierteltönen umzugehen. Also habe ich in kurzer Zeit Stücke komponiert, die zur Kombination Klavier, Saz und Kontrabass passen. Im Hintergrund spielte aber auch kurdische oder orientalische Musik mit, die für einen Dialog mit europäischer Musik geeignet war, so dass jedes Instrument in dieser Gruppe seinen Platz finden konnte. Der Stilmix war: kurdisch, arabisch, Blues, Pop, Jazz – also undefiniert.

Hattest du das Gefühl, dass solche Musik hier gut ankommt?

Am Beginn gab es wenig Akzeptanz für die Vorstellung, dass es sich dabei um ein rein musikalisches Projekt handelt. Es wurde nur unter dem Stichwort der Integration beurteilt: Man zeigt die positiven Seiten der Immigranten. Es war auch die Strategie eines der Bandmitglieder, dass diese Musik genau über diese Schiene eine Anerkennung erhält. Ich fand das nicht akzeptabel. Wir machen doch als Profi-Musiker Musik, die gut ist und auch eine Bereicherung für die Musikszene hier bietet. Ich wollte nicht, dass wir nur zu Veranstaltungen eingeladen werden, bei denen es nur um einseitige Integration geht.

Aus dieser Situation entstand die Idee, dass wir deutsche Volkslieder, auch christliche und europäische Lieder auf der Saz und anderen Instrumenten interpretieren – ein bisschen jazzig, ein bisschen kurdisch –, um zu sehen, wie das Publikum reagiert. Ich habe z.B. „Die Gedanken sind frei" und andere Lieder, die ich bei YouTube gesucht habe, auf der Saz nachgespielt, oder auch etwas Klassisches wie Beethoven (z.B. die „Ode an die Freude" aus der IX. Symphonie). Das Publikum war davon begeistert, und ab diesem Zeitpunkt hat sich die Einstellung geändert. Man hat gesehen, dass man auf diesem Instrument, der Saz, nicht nur etwas Arabisches oder Kurdisches spielen kann. Wie auf dem Klavier kann man auch auf der Saz alles Mögliche spielen. So haben wir langsam ein eigenes Publikum gewonnen. Das war mehr als nur „Integration". Es ist bedauerlich, dass immigrierte Musiker hier oft keine vergleichbare Anerkennung bekommen wie die deutschen oder europäischen Kollegen.

Mit der *Hussein Mahmoud Group* war ich nicht hundertprozentig zufrieden, weil ich mehr orientalische Musik einbringen wollte und nicht nur kleine Spuren in einem europäisch dominierten Umfeld. Deshalb habe ich den Jazz-Pianisten Felix Schneider-Restschikow kontaktiert, weil er einen vergleichbaren Hintergrund hat – bei ihm ist es eher der Balkan. Ich wollte mit ihm Ideen entwickeln, um Brücken zwischen Jazz und orientalischer Musik zu bauen und eine anspruchsvollere Musik zu machen. Bei diesem Projekt, mit dem wir erfolgreich auf dem Kultur-Picknick aufgetreten sind, hatte ich das Gefühl: wir präsentieren uns authentisch, jeder mit seinem spezifischen kulturellen Hintergrund.

Geht unser Projekt zu den „syrischen Tonspuren" in diese Richtung einer eher hinderlichen Integration, die du kritisierst?

Es war gut zu sehen, dass auch von der Uni ein Interesse an Musik und Künstlern aus Syrien gezeigt wurde, und dass in der Ausstellung so viel Material zur Verfügung gestellt wurde: Es war ein musikalisches Projekt und keines, das die Integrations-Schiene bedient hat. Diesen Impuls zum Kennenlernen fand ich gut. Aber ich dachte auch, es wäre gut, eine konstruktive Kritik anzubringen. Daher habe ich auf die kurdische Musik hingewiesen, damit nicht, wie damals unter dem syrischen Regime, die Musik der arabischen Majorität absolut dominiert. Es hat mich daher gefreut, auch aus kurdischer Perspektive etwas zu eurer Veranstaltung beizutragen. Ich empfand die Auswahl der ausgestellten Instrumente und der Musiker als nicht vollständig. Probematisch fand ich beispielsweise auch, dass im Themenspektrum Fairuz zu finden war. Natürlich, alle arabischen Syrer lieben Fairuz, und Libanon ist nicht weiter entfernt von der syrischen Kultur als Österreich von Bayern. Aber im Libanon sind die Menschen empfindlich: Sie würden nicht sagen, dass Fairuz zur syrischen Musik gehört, sie stellt ein wichtiges Symbol für die Musik im Libanon dar. Und es gab eine Station mit der ägyptischen Sängerin Um Kulthum. Hier würden die Ägypter wohl sagen: Das ist unsere Kultur und keine syrische Musik. – Was ist dann aber syrische Musik? Aleppo war in eurer Ausstellung. Klar, das ist ein wichtiger Teil der arabisch-syrischen Musik. Doch was gibt es darüber hinaus: in Damaskus, in Homs, in Lattakia? Das hat mir in dem Projekt gefehlt. Die Musik aus Aleppo ist wichtig, aber das ist keine moderne, sondern eine konservative Musik, sicher mit hervorragenden Sängern wie Sabah Fakhri (1933–2021). Die modernen, auch arabischen Entwicklungen haben mir gefehlt.

Würdest du die Musik, die du in Qamischli gespielt hast, auch als syrische Musik bezeichnen?

Diese Musik war nie anerkannt. Im Sinne von „syrischer Musik" würde man sie hierzulande sicher wieder nur als arabische Musik verstehen. Aber dann verliert sie ihre Identität. Meine Kritik richtet sich konzeptionell gar nicht dagegen, dass Musik, die in Syrien gemacht wird, als syrische Musik begriffen wird. Mein Punkt ist nur, dass diese kurdische Musik, die ich spiele, kulturell endlich anerkannt wird. In diesem Sinn habe ich euer Projekt genutzt – auch, um ein akademisches Interesse zu wecken.

(Die Fragen stellten Clara Wenz und Oliver Wiener.)

„Was mich anfangs hier gestört hat, war,
dass ich leise spielen musste."

Ein Interview mit Aktham Abou Fakher

Aktham Abou Fakher wurde 1988 in der syrischen Stadt as-Suwayda, ca. 100 km südlich von Damaskus geboren. Ab dem Alter von drei Jahren erlernte er das Spiel auf der arabischen Kurzhalslaute (Oud), daneben begann er schon früh seine eigenen musikalischen Werke zu komponieren, die er erstmals im Jahr 2004 auf der Kulturbühne in seiner Heimatstadt als Solo-Konzert aufführte. In Syrien erhielt er zahlreiche Preise und Auszeichnungen, darunter den nationalen Excellenz-Preis im Solo-Oud-Spiel (2007 Deir az-Zor) und den 1. Platz im Musikwettbewerb des landesweiten Almazra-Festivals (2010 as-Suwayda). – Seit 2019 ist er als Lehrbeauftragter am Institut für Musikforschung der Universität Würzburg tätig und spielt zusammen mit Felix Schneider-Restschikow und Jonas Hermes im *Raniin Trio*. Hauptberuflich arbeitet Abou Fakher seit 2016 als Zahnarzt in verschiedenen Städten in Deutschland. Zurzeit ist er im Diakonie-Krankenhaus in Rotenburg an der Wumme, Niedersachsen, tätig, wo er seine Weiterbildung zum Oralchirurgen absolviert. Dort hat er nach Feierabend mit uns über seine liebste Nebenbeschäftigung, das Oudspiel gesprochen. Abou Fakher hat verschiedene Lauten gespielt. Momentan besitzt er eine Oud von Ayman al-Jisri, einem Oudbauer und -spieler aus Aleppo, der momentan in der Türkei lebt.[1]

Du spielst die Oud, eines der ältesten und „traditionellsten" Instrumente Syriens. Was ist deine Beziehung zu diesem Instrument?

Also gefühlt ist die Oud das Instrument, mit dem ich geboren bin. Seit ich drei Jahre alt bin, habe ich so eine kleine Laute zu Hause für mich gehabt. Und seitdem kann ich mir mein Leben ohne Laute nicht mehr vorstellen.

Und wer hat dir die Oud gekauft?

Mein Vater, Rafiq Abou Fakher. Sein Vater verbot ihm, die Oud zu spielen. Denn in seiner Generation hieß es, wenn jemand Musik macht, ist er nicht gut in der Schule. Mein Vater ist Mediziner geworden. Er erinnerte sich aber, dass er als Kind eine Laute haben wollte. Und so sind wir, als ich drei Jahre alt war, zu dem Oud-Bauer Khalifa im Jobar-Viertel von Damaskus gefahren und haben dort eine kleine Laute für mich gekauft.

Und wie ging es dann weiter?

Die ersten zwei Jahre war die Laute für mich nur ein Spiel. Ich kann mich erinnern, dass ich am Anfang nur auf der untersten Saite spielte. Das war meine Saite. Anders konnte ich nicht spielen. Irgendwann, als ich ungefähr fünf war, habe ich dann ein ägyptisches Lied gespielt,

---

1   Ayman al-Jisry (Jesry) ist eine der wichtigen Personen in Amar Chebibs Film "Wajd – Songs of Separa-
     tion", der in unserer Veranstaltungsreihe am 9. Juni 2022 vorgeführt wurde. Vgl. den Beitrag von Clara
     Wenz und Oliver Wiener in diesem Band.

Mohammad
Qandil: „Sabah
al-Kheir ya bint
al-Khal"

das meine Mutter immer gesungen hat, ohne dass mir das jemand beigebracht hätte. Und als sie das merkten, fingen sie an mitzusingen. Der Titel des Lieds heißt übersetzt so viel wie „Guten Morgen, Mädchen des Onkels", es stammt aus dem Repertoire des ägyptischen Sängers und Schauspielers Mohammad Qandil (1929–2004).

Also war das Spiel auf der Oud für dich von Anfang an einfach ein natürlicher Prozess?

Ja, und dabei habe ich einfach probiert und auch einiges falsch gemacht. Die *Risha* (das Plektrum) habe ich anfangs nicht richtig gehalten. Auch mit meiner linken Hand hatte ich Probleme. Die Techniken, die Geheimnisse, die hinter diesem Instrument und seinen Saiten versteckt sind – wie kann man schneller spielen? Wie kann man genauer spielen? All das war reine Entdeckung für mich. Ich entdeckte Melodien, ohne ihren Namen zu kennen und wusste, dass sie traurig oder fröhlich klingen würden, wenn ich eine gewisse Position greife. Das Ganze zu benennen, das kam erst später. Als ich zehn Jahre alt war, stellte mir mein Vater dann meinen ersten und einzigen Lehrer, Riadh al-Dbesi († 2019), vor. Der war Violinist, konnte mir aber ein paar Grundlagen beibringen. Es hat ihn nicht gekümmert, wie ich die *Risha*

Farid al-Atrash:
„Tuta"

halte oder wie meine linke Hand arbeitet, wir spielten einfach direkt Melodien und berühmte Lieder, z.B. „Tuta" von Farid al-Atrash (1915–1974).

Hast du Vorbilder oder Menschen, die dich musikalisch besonders beeinflusst haben?

Farid al-Atrash:
„Awwal Hamza"

Ja, ich habe mich zuerst richtig viel mit Farid al-Atrash beschäftigt, dem besten Oud-Spieler seiner Zeit. Der stammte auch aus meiner Heimatstadt as-Suwayda und galt über mehrere Generationen hinweg als der „König der Oud" (*Malik al-ʿUd*). Ich habe seine Solos und Lieder nach Gehör gespielt, so z.B. sein Solo „Awwal Hamza" während der Eröffnung des Farid al-Atrash-Instituts in as-Suwayda am 26. Oktober 2009. Und es hat lange gedauert, bis ich die Stücke gelernt habe. Mein Lehrer hat mir auch ein paar *Longas* (eine osmanische Instrumentalmusikform) mitgebracht,

Riad al-Sunbati:
Longa

eine davon stammt vom ägyptischen Komponisten und Musiker Riad al-Sunbati (1906–1981). Das waren damals einzelne handgeschriebene Notenblätter. Und irgendwann kam er mit einem Buch des Oud-Spielers und Musikwissenschaftlers Abdel Rahman Jabaqji (1931–2003) aus Aleppo zu mir. Darin waren viele musikalische Stücke aus der arabischen Welt und der Türkei notiert. Also *Longas, Bashrafs, Samais*. Dann habe ich meinen Vater gebeten, mir dieses Buch zu kaufen, so musste ich nicht mehr auf meinen Lehrer warten, sondern konnte jeden Tag in meinen Sommerferien ein neues Stück lernen. Mit ungefähr 16 Jahren begann ich nach neuer Art von Musik zu suchen und neue Kassetten zu kaufen. Viele Stücke gefielen mir am Anfang nicht, aus dem einfachen Grund, dass ich bis dahin nur eine Art syrischer bzw. ägyptischer Musik gehört hatte. Trotzdem ließ ich die Kassetten den Tag über laufen, hörte sie, während ich Hausaufgaben machte. Langsam gefiel mir die Musik immer besser, und irgendwann habe ich dann unbewusst angefangen, Stücke davon zu spielen. Am eindruckvollsten war damals das Album „die Oud-Reise um die Welt"[2] von Munir Bashir (1930–1997). Sein Stück „Al-Usfur al-Tayer "(„Der fliegende Vogel") habe ich im Jahr 2015 in der Peterskirche in Leipzig gespielt.

Munir Bashir:
„Al-Usfur al-Tayer"

Danach habe ich paar Stücke von seinem Bruder Jamil Bashir, z.B. „Caprice", einstudiert. Dann bin ich nach und nach von der Musik, die ich kannte, zu neuer Musik gekommen und habe hier die westliche Musik, Klassik, Jazz usw., bzw. dann auch indische und chinesische Musik kennengelernt.

Jamil Bashir:
„Caprice"

Schon in Syrien begann ich, verschiedene Oudspielweisen zu verbinden. Das kann man in dem Stück „Zayzafoun" hören, das ich mit 17 Jahren für den Wettbewerb im Rahmen des Central Art-Festival Syriens (Hamah 2005) als Solo-Stück schrieb und für welches ich im selben Jahr den ersten Preis als Solo-Spieler gewann. Dieses Stück hat sich im Laufe der Jahre mit meiner Entwicklung verändert, und 2016 hat es der Jazzpianist Felix Schneider-Restschikow für Piano, Oud und Bass, für das *Raniin Trio*, arrangiert.

Johann Sebastian
Bach: Presto aus
der Sonate g-Moll
BWV 1001

Wenn du komponierst, wie gehst du dabei vor? Beginnst du mit einem ersten Gedanken? Einem Bild? Einer Melodie?

Bis jetzt war das immer Zufall, ich habe nie etwas mit Absicht angefangen zu komponieren, sondern eher damit, eine angefangene Idee auszubauen. Es kann sein, dass ich dabei an bestimmte Landschaften denke, z.B. ans Meer, eine Bergspitze, oder an Wald. Ich habe bis jetzt nur Melodien geschrieben, nie Texte. Aber bei „Ruaa" („Visionen"), einem Stück für meine Frau (Ruaa al-Awar), habe ich immer an ihr Gesicht und ihre Augen gedacht. – Dass ein Stück entsteht, geschieht eher zufällig. Oft passiert es während einer Probe: Wenn ich etwas spiele, das besonders heraussticht, behalte ich es in Erinnerung und arbeite dran. Unbeabsichtigt wird das Ganze dann über ein bis zwei Jahre hinweg zu einem Lied, welches sich auch noch weiter entwickeln kann.

Aktham Abou
Fakher:
„Zayzafoun"

„Zayzafoun"
mit dem
Raniin Trio

Und an wen denkst du, wenn du komponierst?

Wie gesagt: Nur einmal an meine Frau, schon vor unser Freundschaft und unserem Zusammensein, ansonsten denke ich eigentlich nur an die Laute und Melodien. Ich mache mir nur darüber Gedanken, ob es gut klingt und ich mich damit gut fühle. Viele meiner Zuhörer

2   Munir Bashir 1993. *Aoud around the Arab World*, Voix de l'orient, VDL CD 567. Beirut: A. Chahine & Fils.

fanden meine Lieder am Anfang nicht gut, weil neue Ideen drinstecken, die sie nicht „orientalisch" oder nicht „traditionell" genug fanden. – Als *Raniin Trio* haben wir manchmal ein
Stück gemeinsam geschrieben: Jeder stellt sein Können unter Beweis und addiert seine Ideen
zum Hauptthema. Das war großartig, gerade weil wir weit voneinander entfernt leben und
uns nur selten treffen.

In welcher Sprache denkst du über Musik nach?

Diese Frage kann ich dir nicht beantworten. Ich weiß nicht, ob man in seiner Muttersprache
über Musik nachdenkt. Ich denke an Melodien, an Noten – das ist eine musikalische Sprache, die nichts mit gesprochener Sprache zu tun hat. Wir denken nicht nur in Moll und Dur,
sondern an verschiedene „Melodien-Leitlinien" (*Maqame*). Das ist unter anderem das, was
meine Musik „orientalisch" macht. Und dann gibt es noch den Unterschied, wie die Musik
gespielt wird. Was [in Noten] geschrieben ist, ist sauber. Aber wir spielen nicht sauber, wir
spielen schön!

Hat es Nachteile, Musiker zu sein?

Musiker zu sein ist sehr emotional. In meinem Fall heißt das: Ich lebe zwei Leben, das des
Musikers und das des Zahnarztes. Manchmal stelle ich mir die Frage, ob ich erfolgreicher
geworden wäre, wenn ich auf Zahnmedizin verzichtet hätte – oder umgekehrt? Das Leben
ist sehr kurz für zwei professionelle Berufe, aber mit viel Mühe klappt es. In Musik muss
man sehr viel investieren. Nicht nur Zeit, sondern man richtet das ganze Leben darauf aus
und das verkompliziert die Dinge. Aus dieser Perspektive ist das natürlich ein Nachteil. Auf
der anderen Seite verpassen Menschen, die sich nicht intensiv mit Musik auseinandersetzen,
etwas in ihrem Leben. Musik gibt so viel: Emotionen, den Genuss einer Melodie – oder die
Fähigkeit, gewisse Stücke mit gewissen Tagesabschnitten zu verbinden. Für jede Tageszeit
gibt es eine passende Musik. Mal etwas ruhiger, mal etwas schneller. Ich habe viel von Musik
gelernt. Ich habe andere Verhaltensweisen erlernt, ich bin entspannter. Musik hilft mir, meine gute Laune bis zum Tagesende aufrecht zu erhalten. Dabei höre ich alles, was ich gerne
hören möchte.

Du bist mit deiner Oud schon in vielen Städten gewesen. Was ist dein Eindruck von Würzburg?

Würzburg ist eine aktive Stadt, es gibt viele flexible und offene junge Musiker. Ich möchte
mich aber nicht zu weit aus dem Fenster lehnen, da ich ja gar nicht in Würzburg lebe. Was
mir fehlt, ist die Kontinuität: Ich spiele ein großes Konzert, und danach passiert nicht viel.
In Syrien war das nicht so. Da haben wir nach Konzerten immer Anfragen bekommen. Ich
glaube aber nicht, dass das unbedingt etwas mit Würzburg zu tun hat, sondern eher mit
Deutschland an sich. Würde ich andere Musik spielen, würde ich wahrscheinlich auch mehr
Kontinuität erleben. Popmusik ist gefragt und wird von vielen Leuten gehört. Ich habe auch
den Eindruck, dass sich Leute nicht wirklich an einen erinnern. Das bedeutet für mich, dass
meine Musik nicht alltäglich gehört wird. Vielleicht hört man sich meine CD ein- oder
zweimal an, und das wars dann. Das ist ein generelles Phänomen unserer Zeit. Das ist die

Kultur des Kapitalismus. Man möchte jeden Tag was Neues. Und so hören sich viele zeitgenössische Musiker auf jedem ihrer Alben komplett anders an. Bei Fairuz ist das nicht so. Oder bei Um Kulthum. Auf deren Alben hörst du neue Songs, neue Melodien, vielleicht auch andere Instrumentalisten, aber der Klang, die „Seele", ist gleich.

Ich denke gerade selbst über die deutsche Musikszene nach. Ich finde, es fühlt sich alles immer noch sehr unpersönlich an, sehr kalt, sehr kapitalistisch.

Ja, anders wird kein Geld gemacht, was bedeutet, dass Leute nicht anders leben können. So ist das eben. Hier in Deutschland gibt es Öffnungszeiten und außerhalb der Öffnungszeiten erreichst du niemand. Auch gute Freunde haben Öffnungszeiten. Sie sind nur an gewissen Zeiten erreichbar, du kannst nicht einfach zu ihnen fahren und mit ihnen musizieren. Was mich anfangs hier gestört hat war, dass ich leise spielen musste. Jedes Mal, wenn ich geübt habe, dachte ich, dass ich andere Leute damit stören würde. In Syrien war das ganz anders. Da habe ich auf meinem Balkon, auf dem Dach oder mit offenem Fenster gespielt und Leute kamen ein, zwei Tage später vorbei und fragten mich, ob ich heute Abend wieder spielen könne. Obwohl sie teilweise weit weg wohnten, sieben, acht Häuser weiter. Das fühlte sich gut an! Nur bei einem Todesfall habe ich das Spielen vermieden. Jetzt weiß ich nicht mehr, ob mir jemand zuhört und wer. Ich bin auf jeden Fall vorsichtiger, wenn man laut spielen will, braucht man einen Proberaum.

Den wirst du vermutlich auch in der Zukunft brauchen, oder?

Ja. Ich möchte Anfang oder Mitte nächsten Jahres nach Würzburg umziehen, dann habe ich etwas Kontinuität mit meinen Kollegen Felix und Jonas. Ich möchte dann einmal bis zweimal in der Woche mit ihnen proben. Proben machen Spaß und sind nötig, um neue Ideen zu entwickeln.

(Die Fragen stellten Linus Glaesemer und Clara Wenz.)

Gesprächs-
konzert vom
16. Juni 2022

„Offensichtlich wussten wir nicht viel über diese Zeit"

Zur historischen Erforschung der traditionellen Kunstmusik in Syrien und Ägypten

Ein Interview mit Salah Eddin Maraqa

Salah Eddin Maraqa, geboren 1981, ist deutsch-jordanischer Musiker mit palästinensischen Wurzeln. Im Alter von neun Jahren begann er, Qanun zu spielen und war u.a. Schüler des renommierten irakischen Oud-Virtuosen Munir Bashir (1930–1997). 1995 erhielt er die al-Hussein Gold Medal for Excellence. Seit 2000 lebt Maraqa in Deutschland: Er studierte an den Universitäten Münster und Würzburg, wurde im Fach Musikwissenschaft promoviert und arbeitet derzeit am Musikwissenschaftlichen Seminar der Universität Freiburg. Musikalisch gilt sein Hauptinteresse der Weiterführung eines mehr als 1000 Jahre alten genuin arabischen Musikerbes. Er hat mit zahlreichen außergewöhnlichen Musikern in Europa, Nordafrika und dem Nahen Osten gespielt und war Mitglied des orientalischen Jazzquartett *LebiDerya* und des *Ensemble Sarband*. Von 2013 bis 2016 war Maraqa als Assistent am Institut für Musikforschung (Lehrstuhl für Ethnomusikologie) der Universität Würzburg tätig.

Du bist ausgebildeter Musiker und zugleich Musikwissenschaftler. Wie siehst du das Verhältnis der beiden Rollen? Geht das ineinander auf, und hat die eine Rolle ganz andere Möglichkeiten als die andere?

Meiner Auffassung nach ergänzen sich beide Rollen gut. Für mein musikwissenschaftliches Studium und meine Forschungsarbeit habe ich sehr von meiner musikalischen Ausbildung profitiert. Nicht selten verhalf mir diese, die eine oder andere obskure Textstelle zu enträtseln und manchen Zusammenhang besser zu verstehen. Ich bin sogar, ohne pauschalisieren zu wollen, der Überzeugung, dass es bestimmte musikwissenschaftliche und -historische Forschungsfelder gibt, die zugänglicher und einfacher zu bewältigen sind, wenn man neben den wissenschaftlichen Arbeitstechniken auch über musikpraktisches Wissen verfügt, ja das musikalische Handwerk beherrscht.

Als Musiker brachte mir mein musikwissenschaftliches Studium wiederum viele Vorteile, wie ein besseres Verständnis von Theorie, einen eigenständigen, sichereren und kritischen Umgang mit den Quellen, überhaupt die Entdeckung neuer Quellen, vor allem jedoch die Beherrschung einer korrekten wissenschaftlich-fundierten Vermittlungssprache, die sich bei der Erläuterung fremdkultureller Phänomene einem sehr oft uneingeweihten Publikum dienlich erwiesen hat. Dank meiner Forschung habe ich als Musiker die Geschichte meiner eigenen Musikkultur und historischen Zusammenhänge, sowie die Entwicklungen unterschiedlicher Traditionsstränge, die wechselseitigen Einflüsse und Umstände, die diese begünstigt haben, viel besser begriffen.

Was hat dich vor allem motiviert, eine Dissertation über die traditionelle Kunstmusik im Vorderen Orient zu schreiben?

Ich stamme aus dem „Vorderen Orient": Als Musiker kenne ich mich mit der Musikkultur dieser Region gut aus und fühle mich ihr irgendwie verpflichtet. Ich wollte immer mehr über die Geschichte und Theorie der arabischen Musik erfahren und habe sehr früh damit angefangen, ziemlich alles zu lesen, was mir zu diesem Thema in die Hände fiel. Schnell wurde mir deutlich, dass es eine Lücke in der Musikgeschichtsschreibung gab: Über die Entwicklungen zwischen 1500 und 1800, also die Zeit osmanischer Herrschaft, herrschte Unwissenheit. Was davor und danach geschah, war, wenn auch lange nicht erschöpfend, vergleichsweise besser erforscht.

Diese besagte Epoche wurde von vielen pauschal und willkürlich als eine Zeit des kulturellen Niedergangs bezeichnet. Es gab allerdings viele Anhaltspunkte, die diese Behauptung zweifelhaft erscheinen ließen. Wie ist es beispielsweise zu erklären, dass gleichzeitig im Zentrum des Osmanischen Reiches die Tonkunst und Literatur regelrecht und nachweislich blühten, während diese in der Peripherie und Provinzstädten angeblich stagnierten? Alle sogenannten „Nationalstile" und das (aus heutiger Sicht) „klassische" arabische Vokalmusikrepertoire mit seinen nachahmungswürdigen *muwaššaḥāt* und *qudūd* – also dem ganzen Stolz der arabischen Musik – sind in dieser Zeit entstanden. Wie ist dies wiederum zu erklären? Offensichtlich wussten wir nicht viel über diese Zeit. Diese und weitere Fragen haben mich motiviert, über diese ‚dunkle' Epoche arabischer Musikgeschichte zu forschen und mehr in Erfahrung zu bringen. Die Dissertation war dann ein Teilergebnis dieser im Grunde noch laufenden Forschung.

Du hast über die traditionelle Kunstmusik in Syrien und Ägypten von 1500 bis 1800 anhand der musiktheoretischen und historisch-biographischen Quellen gearbeitet. Worin siehst du die spezifische Rolle einer syrischen Gelehrtentradition?

Um ca. 1500 gab es bekanntlich einen Bruch mit der sogenannten „systematischen" Gelehrtentradition, die sich mit der Musik – nach griechischem Vorbild – auf physikalisch-mathematisch-geometrischer Grundlage befasste. Diese Tradition wurde erst im Laufe des 19. Jahrhundert wieder aufgenommen. Musiktheoretische Schriften ab 1500 beschränkten sich nur noch auf die Darstellung der Modi (*anġām*) und musikalischen Metren (*uṣūl*) in passender verständlicher Form, sowohl in Prosa als auch in Poesie. Ähnlich konzipierte Schriften hat es allerdings bereits im 14. Jahrhundert gegeben. Somit gehen diese musikalischen Lehrschriften auf eine ältere Tradition zurück. Diese, wenn man so will, „praxisbezogenen" Schriften haben ihren Zweck erfüllen können. Man hat sie nachweislich zu Lehrzwecken herangezogen; ihr Verständnis setzte beim Adressaten ausreichendes musikpraktisches Wissen voraus, darunter das Spielen eines Instruments und die Kenntnis des Tonsystems und des melodischen Verlaufs der Hauptmodi.

Syrische Gelehrte trugen beachtlich zu dieser Literatur bei. Zu nennen wären beispielsweise Ibn aṣ-Ṣabbāḥ aḏ-Ḏahabī (15. Jh.), aš-Šihāb al-ʿAǧamī (15. Jh.), aṣ-Ṣaidāwī (gest. 1506), Ǧamāl ad-Dīn Ḥasan b. Aḥmad (15. Jh.), Nāṣir al-ʿŪdī al-Ḥalabī (16. Jh.), al-Qādirī (17. Jh.), ʿAskar al-Ḥalabī (17. Jh.), al-Kubaisī (18. Jh.) usw. Auch viele wichtige Liedanthologien stammen aus Syrien. Die Hauptzentren urbaner Musiktradition waren, neben Damaskus, Aleppo und Homs. Der musikalische Austausch mit der Hauptstadt des Reiches, dem Irak, dem Jemen, und Ägypten wurde auch unter den Osmanen aufrechterhalten. Die in Syrien entstandene Musikliteratur offenbart eine starke Affinität arabischer und türkisch-osmanischer Musiktraditionen. Dies ist nicht zuletzt auf den direkten türkischen

Einfluss zurückzuführen, bedingt durch die geographische Nähe Syriens zu den türkischen Hauptzentren des Reiches. Aleppo und Damaskus waren für Türken sehr wichtige Stationen auf der Pilgerroute zu den heiligen Städten im Hedschas. Auch die überall im Land errichteten Sufi-Bruderschaften (*mawlawiyya, qādiriyya, rifāʿiyya, ḫalwatiyya* usw.), die damals bekanntlich als Musikschulen fungierten und berühmte Musiker und Komponisten hervorbrachten, spielten eine große Rolle bei diesem musikalischen Austausch.

Anhand der Quellen ist für den genannten Zeitraum vor allem die Musiktheorie erforschbar. Auf welchen Wegen könnte man sich der Musikpraxis des genannten Zeitraums nähern?

Indem man die biographisch-historischen, schöngeistigen, theologischen, literarischen Schriften sowie die musikpraktischen Quellen aus diesem Zeitraum heranzieht. Diese Quellen enthalten wertvolle Informationen über die Musizierkontexte und -anlässe, das Instrumentarium, die Interpret:innen, Gattungen usw. Mit musikpraktischen Quellen sind jene Quellen gemeint, die in der Regel für eine musikalische Aufführung vorgesehenes Material überliefern, wie handschriftliche und gedruckte Anthologien und Notensammlungen. Für heutige Musiker, die sich für Fragen der historischen Aufführungspraxis interessieren oder einfach mehr über die Provenienz eines traditionellen, bis zur Gegenwart gepflegten Repertoires erfahren möchten, sind diese Quellen unverzichtbar. Anthologien überliefern nämlich nicht nur Liedertexte. Vielmehr kann man ihnen wertvolle Informationen entnehmen, wie die Namen von Modi (*anġām; alḥān; maqāmāt*), musikalischen Metren (*ḍurūb; uṣūlāt*), Textdichtern und Komponisten. Notation und Notensammlungen gibt es erst seit dem späten 19. Jahrhundert, als man sich in Ägypten und Syrien die westliche Liniennotation aneignete. Im Zentrum des Reiches sind Sammlungen mittels verschiedener Schriftsysteme (indigen wie westlich) notierte Vokal- und Instrumentalrepertoires bereits seit der Mitte des 17. Jahrhunderts bekannt.

Der Beitrag arabischer Komponisten zu diesem überregionalen Repertoire darf nicht unterschätzt werden. Beim Versuch, sich der Musikpraxis anzunähern, stößt man nicht selten auf Probleme der richtigen Interpretation von Gattungen, rhythmischen und melodischen Strukturen. Als besonders komplex hat sich die Frage nach dem Tonsystem und der „richtigen" bzw. intendierten Intonation erwiesen. Leider haben sich aus der Zeit so gut wie keine Musikinstrumente erhalten, die man zum Gegenstand einer genauen Untersuchung machen kann. Wenn wir quellenbasiert annehmen bzw. nachweisen könnten, dass die Spielpraxis und das Klangideal der drei- bis vierhundert Jahre vor dem Aufkommen der Tonträgerindustrie relativ konstant blieben bzw. sich nicht wesentlich geändert haben, so könnten einige frühe Feld- und kommerzielle Aufnahmen uns zusätzlich interessante Anhaltspunkte liefern.

Um welche Komponisten handelt es sich? Ist es viel, was man über sie weiß?

In erster Linie handelt es sich um Liedkomponisten. Die arabisch-islamische Musikkultur ist grundsätzlich auf dem Prinzip komponierter Vokalmusik basiert. Ab 1500, wenn nicht sogar ab 1400, zeichnet sich ein starker Trend zu religiöser Vokalmusik ab. Die Quellen liefern Informationen über viele semiprofessionelle Vorsänger und dichtende Komponisten religiöser *muwaššaḥāt* und Rezitatoren religiöser *qasaʾid* (Oden) aus sufischen Kreisen und im Moscheedienst. Somit unterscheiden sie sich vom Typus des städtischen und höfischen Musikers und Kunstliedkomponisten früherer Zeiten. Auslösend für diese Statusveränderung war mit Sicherheit die kulturelle Provinzialisierung der arabischen Länder im Osmanischen Reich, das Ende der institutionalisierten Hofmusik mit Verlagerung des Regierungssitzes nach Istanbul und die starke Neigung zu der in den Sufi-Orden und Bruderschaften herrschenden Musikpflege. Die Residenzen einiger osmanischer Statthalter in Syrien, Ägypten, Jemen, dem Irak, Mekka und Medina haben allerdings, wenn auch verhältnismäßig bescheidener, weiterhin als Orte der Musikpflege gewirkt. Es liegen viele Berichte über Wandermusiker und Komponisten vor, die bei diesen verkehrten und dadurch einen grenzüberschreitenden Ruhm erlangten. Im Vergleich zu früheren Zeiten hat allerdings die Person des Komponisten an Interesse verloren, so wie offenbar auch die Komposition als individueller musikalischer Ausdruck. Das anonym überlieferte gesungene Repertoire hat in dieser Zeit deutlich zugenommen. Wir Musikhistoriker sind heute, z.B. durch ein breitflächiges Inventarisieren aller erhaltenen Liedertextsammlungen, deutlich mehr in der Lage, einen Großteil dieses Repertoires bestimmten Urhebern zuzuschreiben.

Ist das immaterielle Kulturerbe der muwaššaḥāt *und* qudūd *von zunehmendem Vergessen bedroht?*

In der ersten Hälfte des 20. Jahrhunderts gab es mit der Einführung der institutionalisierten Musikvermittlung und -ausbildung einhergehend ernsthafte Bemühungen, das traditionelle Vokalrepertoire zu dokumentieren. Dies geschah durch Verschriftlichung mittels europäischer Notation, was übrigens auch für die musikalischen Modi und Metren gilt. Die frühen kommerziellen Tonaufzeichnungen sowie jene zu Dokumentationszwecken haben vor allem in Anbetracht der Tatsache, dass viele Hüter dieses ursprünglich mündlich (oral) bzw. akustisch (aural) überlieferten Erbes nach und nach verschieden sind, viel zu dessen Aufbewahrung beigetragen. Wir gehen wohl nicht fehl, wenn wir aus heutiger Sicht behaupten, dass diese Schriften und Audioaufnahmen die einzig noch erhaltenen Quellen dieses Vokalrepertoires darstellen. Allerdings müssen wir ständig im Sinn behalten, dass es sich bei dem, was diese Quellen festhalten, um ein nachweislich gekürztes, teilweise stark normiertes und, falls älter, so an den Geschmack und die Trends der Zeit ab 1850 angepasstes Repertoire handelt. Zudem stammt ein beachtlicher Teil davon ohnehin aus der Feder zeitgenössischer Komponisten, die erwartungsgemäß in Wechselwirkung mit ihrem Umfeld standen. Frühere Liedertextsammlungen, die lediglich Texte ohne Musik (i.e. Noten) überliefern, geben deutlich zu erkennen, dass wir heute von der Mehrheit der textlich erhaltenen *muwaššaḥāt* und *qudūd* – aus welchem Grund auch immer – die Melodien nicht kennen. Diese wurden einfach nicht festgehalten und sind somit für immer verklungen. Die samt ihrer Melodie aufgenommenen *muwaššaḥāt* und *qudūd* wurden dagegen vor Verlust bewahrt. Es gab sicherlich Zeiten, in denen sich diese Vokalstücke großer Beliebtheit erfreut haben. Sie bilden heute einen wesentlichen Teil des Lehrplans von Musik(hoch)schulen und genießen als Repräsentanten der „authentischen" Gattungen der traditionellen Kunstmusik (bzw. der sogenannten arabischen klassischen Musik) einen hohen kulturellen Status. Schließlich kann man anhand von ihnen die Modi und musikalischen Metren, insbesondere die „schweren" mit den langen Zyklen, gut demonstrieren. Es gibt nur noch wenige Ensembles und staatliche Chöre, die sich unter anderem auf dieses Repertoire spezialisiert haben. Achtung und Wertschätzung erfährt dieses Repertoire meiner Erfahrung nach nur von einem gebildeten Publikum. Die jungen Menschen interessieren sich nicht so sehr für diese „reine" musikalische Kunst, sind aber bisweilen durchaus für Crossover-Projekte offen, in denen arabische klassische Musik mit Pop-, Jazz-Musik usw. gekreuzt wird.

Was kann die Forschung tun, um das „klassische" Repertoire zu erhalten? Und was können Musiker tun, um es nicht museal erstarren zu lassen, sondern auch eine lebendige Weiterentwicklung zu ermöglichen?

Das ist eine heikle Frage. Die Forschung sollte die Liedertextsammlungen und das darin überlieferte Repertoire aus Tausenden von *muwaššaḥāt*, *azǧāl*, *qudūd*, *adwār*, *qaṣāʾid* usw. dem Publikum erschließen. In Zusammenarbeit mit Philolog:innen sollten Musikwissenschaftler:innen basierend auf diesen Quellen und allen vorhandenen Notensammlungen kritische Editionen dieses Repertoires bereitstellen – idealerweise in Form einer digitalen, der Allgemeinheit zugänglichen Monumentalausgabe. Diese Werke sind schließlich für Sprach- und Literaturwissenschaftler:innen ebenfalls von großer Bedeutung. Die Ausgabe sollte auch Auskunft über Dichter, Komponisten, Gattungen, Modi und Rhythmen enthalten. Gleichzeitig sollte ein Klangarchiv gegründet werden, das Interpretationen der edierten Stücke beherbergt.

So viel zu meinem Traum. Musiker:innen hätten mit solch einer Editon eine Quelle, auf die sie immer zurückgreifen könnten. Durch sie können sie ihr eigenes Konzertrepertoire bereichern und zudem die *muwaššaḥāt* um neue *adwār* („Strophen") erweitern. In den modernen Ausgaben wurden nämlich die in der Regel mehrstrophigen *muwaššaḥāt* auf eine bis zwei Strophen zusammengekürzt.

Zudem sollen sich Musiker:innen an dieses Repertoire experimentierfreudig heranwagen. Als Beispiel sei auf die mutigen und äußerst artifiziellen Projekte der libanesischen Künstlerin Rima Khcheich hingewiesen.

(Die Fragen stellte Oliver Wiener.)

Rima Khcheich:
„al-Shayyalin"

Literatur

Maraqa, S. E. 2015. *Die traditionelle Kunstmusik in Syrien und Ägypten von 1500 bis 1800. Eine Untersuchung der musiktheoretischen und historisch-biographischen Quellen* (Würzburger Beiträge zur Musikforschung 4), Tutzing: Hans Schneider.

— 2018. Vom ‚Fremdling' zum ‚Maßstab'. Zum Einzug der westlichen Musiktheorie in die arabische Welt bis ins frühe 20. Jahrhundert. *Zeitschrift der Gesellschaft für Musiktheorie* 15(2), 79-127, https://doi.org/10.31751/975

ABBILDUNGSVERZEICHNIS

NAMEN- UND ORT-INDEX

Verzeichnet sind Namen historischer Personen oder solcher, deren Wirken Gegenstand der Auseinandersetzung im Haupttext ist bzw. deren Aussagen konzeptionelle Bedeutung zukommt, ferner Ensemble-, Band-, Kollektiv- und Projektnamen (kursiviert). Pseudonyme sind nicht aufgelöst. Autor:innen angeführter Forschungsliteratur, Autor:innen und Interviewpartner:innen dieses Bandes oder an der praktischen Realisation des Projekts „Syrische Tonspuren in Würzburg" Beteiligte erscheinen hier nicht. Als Orte sind lediglich Städte aufgenommen, markiert durch Kapitälchen.